Afrique subsaharienne

Populations, écologie et histoire

Études africaines
Collection dirigée par Denis Pryen

Dernières parutions

Eric M. NGANGO YOUMBI, *Les prérogatives de puissanc publique au Cameroun, 2014.*
Alhassane CHERIF, *La parenté à plaisanterie (le sanakouya). U atout pour le dialogue et la cohésion sociale en Guinée*, 2014.
Noël Bertrand BOUNDZANGA et Wilson-André NDOMBE (dir.), *Le malentendu Schweitzer*, 2014.
Justin OMOLELA SELEMANI, *Engagement politique e résistance populaire des Maï-Maï du Maniema en R.D.C.*, 2014.
Célestin M'PEYA, *L'alibi colonial se consume*, 2014.
Boureïma N. OUÉDRAOGO, *Droit, démocratie et dévelop pement en Afrique*, 2014.
Angèle Christine ONDO, *Mvett Ekang : forme et sens*, 2014.
Clotaire MESSI ME NANG, *Les chantiers forestiers au Gabon Une histoire sociale des ouvriers africains*, 2014.
Bruno KOFFI EHUI, *Qu'est-ce qu'une O.N.G ?,* 2014.
Roger Mawuto AFAN, *Éléments de psychologie politiqu africaine, Rite initiatique et socialisation politique,* 2014.
Romaric Franck QUENTIN DE MONGARYAS (dir.), *L'écol gabonaise en débat*, 2014.
Patrice MOUNDZA, *Le chemin de fer Congo Océan et l département de la Bouenza*, 2014.
Yassine KERVELLA-MANSARE, *Pulaaku, Le code d'honneu chez les Peuls*, 2014.
Hamadou ADAMA (dir.), *De l'Adamawa à l'Adamaoua Histoire, enjeux et perspectives*, 2014.
Mahamadé SAVADOGO, *Philosophie de l'action collective* 2013.
Abou KANATE, *Radiographie du droit foncier en Côt d'Ivoire,* 2013.
Abou KANATE, *Le droit de la promotion immobilière en Côt d'Ivoire,* 2013.
François LAGARDE, *Mémorialistes et témoins rwandais*, 2013
Gilchrist Anicet NZENGUET IGUEMBA (dir.), *Hommages Pierre N'Dombi – Université Omar Bongo (Libreville)*, 2013.
Nathalie CASANOVAS, *Une destination pour un autr tourisme pour l'Afrique de l'Ouest*, 2013.

Olivier M. Mbodo

Afrique subsaharienne

Populations, écologie et histoire

L'Harmattan

5-7, rue de l'École-Polytechnique, 75005 Paris

http://www.harmattan.fr
diffusion.harmattan@wanadoo.fr
harmattan1@wanadoo.fr

ISBN : 978-2-343-02925-2
EAN : 9782343029252

Remerciements

Des individus, des services et institutions à l'Université Laval et au Cégep Garneau de Québec ont contribué à la réalisation de ce projet. Nommons le département de sociologie de l'Université Laval qui a apporté une aide financière qui, quoique modeste, est arrivée à point nommé. La bibliothèque de l'Université Laval nous a offert un cadre de recherche on ne peut plus idéal. L'accessibilité directe d'une littérature pertinente, la disponibilité des employés et, surtout, la présence d'un service de prêts entre bibliothèques très efficace figurent parmi les conditions qui ont facilité notre travail. Le Centre d'information géographique et statistique (GéoStat) de cette même bibliothèque a comblé nos besoins en cartographie.

Il nous faut nommer l'anthropologue Denis Blondin qui, d'une traite, a assuré la lecture du manuscrit. Denis a formulé des critiques d'ordre général et de méthodologie qui, d'emblée, forcent l'auteur à engager un dialogue perpétuel. Norman Leavy, professeur d'anthropologie au Cégep Garneau, nous a apporté de précieuses précisions relatives à la recherche en paléoanthropologie, un domaine où la moindre nouvelle découverte sur le terrain est susceptible d'ébranler des connaissances jusqu'alors solidement établies ou considérées comme tel.

Nous sommes redevables à Claude Albert, Pascale Bassilière, Judith Dea, Isabelle Gagnon et Gilles Pellerin, tous professeurs de littérature au Cégep Garneau, qui ont assuré la révision linguistique du manuscrit. Nous n'oublions pas Jonathan Nadeau, technicien en documentation au Cégep Garneau qui, à l'occasion, nous a aidé dans la recherche. Nommons également Productions Interligne, entreprise du Département des techniques de bureautique du Cégep Garneau, qui a été d'une grande utilité dans la première mise en page du manuscrit. Enfin, faisons une mention particulière à Geneviève Lemieux qui en a assuré la mise en page définitive.

À tous et à toutes, nous adressons nos très vifs remerciements.

Introduction

Ce livre est un parcours en deux temps. Dans les quatre premiers chapitres nous jetons un regard sur une question de l'histoire de l'Afrique subsaharienne : la stagnation singulière de sa population entre 1800 et la fin de la Première Guerre mondiale. Le but poursuivi dans ce premier pas est de documenter cette stagnation démographique en en discutant les causes. Nous entreprenons cette étude dans un but précis : comprendre le présent de l'Afrique subsaharienne et les racines de sa marginalisation présente. L'idée n'est pas tant de présumer que la situation présente de l'Afrique subsaharienne est totalement redevable à cette question, mais de (re)dire tout simplement que la stagnation démographique de l'Afrique au sud du Sahara, au moment où les autres continents connaissaient une expansion démographique lui a été préjudiciable. Ce fait ne peut pas être écarté ni banalisé lorsque vient le temps de s'interroger sur les raisons qui ont mené l'Afrique subsaharienne là où elle est aujourd'hui. Les causes de ce ralentissement démographique doivent avoir eu des conséquences durables sur le devenir des sociétés africaines[1].

Le deuxième temps de ce livre, son cinquième et dernier chapitre, se tourne résolument vers le futur de l'Afrique que nous

1. Sur les impacts de la traite des Noirs, on peut lire les travaux de Joseph E. Inikori, notamment le collectif sous sa direction avec Stanley L. Engerman, *The Atlantic Slave Trade. Effects on Economies, Societies, and Peoples in Africa, the Americas, and Europe* (edited by), Durham and London, Duke University Press, 1992, 414 p.

voulons meilleur. Nous y avançons des propositions à première vue naïves et faisons des réflexions simples dans le but de contribuer au débat sur les possibilités de faire advenir cette Afrique tant espérée, dans un avenir temporel prévisible.

Nous avons hésité longtemps avant de décider d'écrire ce livre consacré à une question de l'histoire de l'Afrique subsaharienne. Premièrement, nous ne sommes pas historien. En effet, nous appartenons à la discipline nommée sociologie et les « puristes » auraient préféré que chacun reste dans ses plates-bandes. Deuxièmement, nous disposons depuis des décennies d'une abondante et riche littérature sur certains des sujets abordés ici telles la traite des Noirs ou encore la colonisation de l'Afrique au sud du Sahara. Cette abondance de travaux dont de nombreux sont de qualité nous a contraint à nous poser la question : « Qu'allons-nous dire de plus ? ». S'il n'est pas sûr que nous ayons des choses nouvelles à raconter aux lecteurs, en revanche, nous pouvons avoir envie de les dire *autrement* ; nous pouvons également vouloir proposer aux lecteurs notre regard, qui est celui d'un Africain préoccupé par la destinée du continent noir. Voilà quelques raisons, s'il en fallait, qui justifient que nous prenions la plume pour nous aventurer sur un sentier que se réservent les experts de l'histoire africaine. En partant, nous voulons dire notre reconnaissance et notre dette envers les historiens de l'Afrique noire. Leurs travaux ont précisé nos questionnements, auxquels ils ont fourni de pertinents éléments de réponse. Nous pensons avoir traduit le plus fidèlement possible leur pensée chaque fois que nous leur avons emprunté.

Nous devons la rédaction de ce livre aux étudiants qui ont suivi notre cours «Sociologie de l'Afrique noire» au département de sociologie de l'Université Laval à Québec. Son contenu est largement fait des échanges que nous avons eus ensemble. En dépit des apparences – et nous nous en sommes fait beaucoup –, nous avons découvert que l'Afrique n'est pas absente des préoccupations de la jeunesse nord-américaine. Nous avons été surpris par l'attachement de nos étudiants à sa cause et plusieurs nous ont dit en rêver. C'est curieux, mais tout indique que l'Afrique conserve encore une certaine capacité à stimuler l'imagination. À notre grand étonnement, les représentations qu'ils se font de l'Afrique tranchent radicalement avec l'image que les médias véhiculent habituellement de ce continent. Nous devons en avoir déçu plus d'un lorsque, agacé par l'image trop idéalisée que nos étudiants se faisaient de l'Afrique, nous nous employions à leur répéter: «Les peuples d'Afrique, tout en ayant des parcours historiques propres, ne sont ni pires ni meilleurs que ceux d'ailleurs.» Nous soupçonnons chez plusieurs de ces étudiants l'idée selon laquelle l'Afrique serait le dernier rempart contre les vices de la civilisation qui gangrènent la société!

Quoi qu'il en soit, nous savons gré à nos étudiants de nous avoir redonné l'espoir pour l'Afrique. La publication de ce livre nous offre ainsi l'occasion de leur témoigner notre reconnaissance.

Le présent ouvrage ne tient qu'à deux idées. Premièrement, il veut jeter un regard sur le passé de l'Afrique subsaharienne, afin de comprendre son présent. Deuxièmement, fort de ce regard, nous nous tournons vers l'avenir afin d'explorer des voies pour un décollage réussi du continent africain.

Nous consacrons les quatre premiers chapitres de ce livre à la réalisation du premier objectif. Le premier s'ouvre sur une discussion, au regard des découvertes en paléoanthropologie depuis près d'un siècle, des raisons de considérer l'Afrique comme le lieu de l'origine de l'homme. Pourtant, au cours de l'histoire, ce premier habitat de l'homme doit avoir fait face à de nombreux obstacles qui ont rendu son peuplement par moments très difficile. Ainsi, le premier chapitre s'arrête sur une évolution singulière de l'Afrique au sud du Sahara entre 1800 et la fin de la Première Guerre mondiale. Au cours de cette période, nous l'avons dit, la population subsaharienne a stagné alors qu'ailleurs dans le monde l'heure était à l'expansion démographique. Le chapitre se termine par l'identification des causes de cette situation inédite à savoir : l'écologie africaine, la traite négrière et la violence de la colonisation de l'Afrique par les puissances impériales européennes à partir de la fin du XIXe siècle. L'analyse de ces causes est l'objet des chapitres deux, trois et quatre.

Portant sur l'écologie africaine, le chapitre deux tente de comprendre dans quelle mesure elle a contribué au ralentissement démographique de l'Afrique subsaharienne dans la période à l'étude. Nous verrons que si cette écologie particulière a pesé d'un poids quelconque dans la stagnation démographique en cause, c'est dans la mesure où d'autres facteurs sont entrés en jeu.

Nous consacrons le chapitre trois à l'étude de la traite négrière. Afin de mieux comprendre la manière dont le commerce des Noirs a pu freiner l'essor démographique de l'Afrique subsaharienne, nous étudierons les différentes traites survenues au cours de son histoire en traçant une certaine chronologie de faits. Ce chapitre riche en données engagera une discussion libre, éclairante et intéressante, nous l'espérons, sur les impacts du commerce des Noirs au plan strictement démographique.

Le chapitre quatre propose une relecture de la colonisation de l'Afrique par l'Europe, colonisation dont la violence a de toute évidence eu des effets négatifs sur la démographie subsaharienne. Mais avant, le chapitre s'ouvre sur une interrogation naïve : comment la colonisation de cette région a-t-elle pu avoir lieu, alors que les principes moraux ayant mené les Européens à l'abolition de l'esclavage s'opposaient en toute logique à pareille entreprise ?

Le cinquième et dernier chapitre tourne le dos au passé et envisage positivement l'Afrique à venir. Il identifie un certain nombre de conditions, particulièrement réunies en ce moment, qui laissent croire que cette fois le continent noir franchira un pas décisif vers son décollage économique. Le chapitre explore un certain nombre de possibilités ; il souligne les atouts et les forces de cette Afrique et suggère des pistes afin de maximiser les chances d'un démarrage cette fois réussi. C'est un chapitre qui se veut résolument optimiste.

Chapitre 1

La singulière stagnation démographique subsaharienne, de 1800 à 1920

> Les Africains ont été, et sont toujours, ces pionniers qui ont colonisé une région particulièrement hostile au nom de toute la race humaine. En cela réside leur principale contribution à l'histoire. C'est pourquoi ils méritent qu'on les admire, qu'on les soutienne et qu'on les étudie avec soin.
>
> *John Iliffe*[2]

> L'évolution de la population d'Afrique subsaharienne sur le temps long est le reflet à la fois des facteurs spécifiques à la région, mais aussi de la place de l'Afrique dans le monde à des moments historiques donnés.
>
> *Jean-Pierre Guengant*[3]

1. Un changement de paradigme

Le créationnisme cédant de plus en plus de place à l'évolutionnisme, le XXe siècle voit monter de façon irrésistible l'intérêt, disons mieux la passion pour les origines de l'homme.

---

2. John Iliffe, *Les Africains. Histoire d'un continent*, trad. de l'anglais par Jean-Paul Mourlon, Paris, Flammarion, 2009, p. 9.
3. Jean-Pierre Guengant, « La démographie africaine entre convergences et divergences », dans Benoît Ferry, *L'Afrique noire face à ses défis démographiques. Un avenir incertain* (sous la direction de), Paris/Nogent-sur-Marne/Paris, AFD/CEPED/Karthala, 2007, p. 29.

Aucune autre époque connue avant n'avait poussé aussi loin, avec autant de frénésie, le désir de connaître les origines de l'espèce humaine. La réflexion des philosophes grecs sur les animaux se limite à la classification des espèces, comme en témoigne la biologie d'Aristote. Celui-ci apporta à la zoologie grecque une contribution déterminante au point de passer pour le fondateur de cette discipline. L'auteur de l'*Histoire des animaux* est le premier à théoriser sur la distinction entre sanguins et exsangues[4], entre vertébrés et invertébrés, une distinction dont l'intérêt demeure encore aujourd'hui. Cependant, la question des origines de l'espèce humaine semble lui échapper ; il ne se la pose pas au-delà des idées qu'on s'en faisait alors.

Pour retrouver la genèse de la recherche passionnée des origines de l'homme, il faut attendre les XVIIIe et XIXe siècles, lorsque le naturaliste français Jean-Baptiste de Lamarck (1744-1829) d'abord et le naturaliste anglais Charles Darwin (1809-1882) ensuite fondèrent la science de l'évolution, quoique l'idée d'évolution était dans l'air du temps au XVIIIe siècle. C'est l'idée, *grosso modo*, que l'homme – en même temps que les autres espèces – descendrait de formes anciennes et éteintes. De l'aveu même de Darwin, Lamarck « était, il y a longtemps, arrivé à cette conclusion, que plusieurs naturalistes éminents ont soutenue récemment…[5] ».

4. Voir Arnaud Zucker, *Aristote et les classifications zoologiques*, Louvain-la-Neuve, Éditions Peeters, 2005, p. 145.
5. Charles Darwin, *La descendance de l'homme et la sélection sexuelle*, tome I, Bruxelles, Éditions Complexe, 1981, p. xxv.

Si la paternité de la science de l'évolutionnisme revient à Lamarck et à Darwin, c'est ce dernier qui lui apporta sa crédibilité scientifique. Il fournit de nombreuses preuves du phénomène grâce à ses observations personnelles et grâce à sa grande connaissance des travaux d'éminents collègues sur le sujet. Pour Darwin, les espèces ne sont pas sorties toutes faites de la main d'un créateur ; elles n'ont pas été créées indépendamment les unes des autres par une puissance surnaturelle. Bien au contraire, elles descendent les unes des autres ; elles se transforment et se diversifient en s'adaptant à leur milieu. Le mécanisme qui permet cette transformation et cette diversification s'appelle la « sélection naturelle ». Darwin perçoit les êtres vivants à la manière de Malthus : ils sont toujours en lutte pour l'existence. Dans cette lutte, seuls les mieux adaptés survivront et se reproduiront alors que ceux les moins adaptés disparaîtront[6].

La science de l'évolution a marqué un tournant. Il s'est écoulé plus de deux millénaires entre l'époque grecque et le moment où « les sciences bousculent les conceptions de l'homme patiemment construites par la philosophie et la pensée occidentale », rappelle Pascal Picq[7]. Les XVIIIe et XIXe siècles constituent justement le moment où sont déconstruites les anciennes conceptions de l'homme. On a pris conscience du fait que l'homme faisait partie du monde animal et, pour la première fois, on le rangea parmi les primates[8].

6. Nous ne ferons pas état ici des critiques et réactions auxquelles la théorie de la sélection naturelle a donné lieu. Tel n'est pas notre objectif.
7. Pascal Picq, « Chapitre 1 : De Buffon à Lucy : l'histoire de la préhistoire », dans *Les origines de l'homme*, Paris, Éditions Tallandier, 1998, p. 16.
8. Picq indique que c'est précisément en 1758 que Carl Linné, le premier à le faire, range l'homme parmi les primates. Picq, *ibid.*, pp. 16 et 17.

L'idée darwinienne – mais aussi lamarckienne – selon laquelle les espèces étaient dépendantes les unes des autres et s'adaptaient à leur milieu en se transformant a ouvert la porte à des perspectives plus grandes encore. La recherche passionnée des origines de l'espèce humaine à laquelle on assiste à partir du XXe siècle est une conséquence directe de cette idée. Avec sa découverte, c'est un nouveau paradigme – au sens kuhnien du terme – qu'énonce Darwin, c'est-à-dire un ensemble de « découvertes scientifiques universellement reconnues qui, pour un temps donné, fournissent des problèmes types et des solutions à une communauté de chercheurs[9] ». Plus loin, Thomas Kuhn indique les deux caractéristiques nécessaires aux découvertes pour former un paradigme : 1) « [...] [elles doivent être] suffisamment inédites pour attirer un groupe établi de chercheurs qui alors quittent d'autres formes d'activité scientifique concurrentes[10] » et 2) « elles [...] [doivent ouvrir] des perspectives suffisamment larges de toutes sortes de problèmes à résoudre par le groupe redéfini de chercheurs[11] ». Le paradigme fournit également des outils pour résoudre ces problèmes. On pourrait ainsi dire qu'un paradigme définit les termes et délimite le terrain d'un nouveau programme de recherche dont il marque l'ouverture.

La découverte darwinienne, la simple idée selon laquelle les espèces ne sont pas sorties toutes faites de la main d'un créateur mais qu'elles peuvent se transformer, cette idée-là introduisit un paradigme nouveau, en totale rupture avec

9. Thomas S. Kuhn, *The structure of Scientific Revolutions*, 4th edition, Chicago and London, The University of Chicago Press, 2012, p. xlii.
10. *Ibid.*, p. 10.
11. *Ibid.*, pp. 10-11.

le paradigme antérieur. Désormais, des chercheurs de plus en plus nombreux se sont mis à travailler dans cette nouvelle perspective (première caractéristique); celle-ci leur fournit des nouveaux problèmes à résoudre, dont celui des origines de l'espèce humaine (deuxième caractéristique).

L'avènement de ce nouveau paradigme a éliminé et remplacé «certaines croyances antérieures et certains procédés [...] de l'ancien paradigme par d'autres[12]». Une de ces croyances, peut-être la principale, a rapport au «fixisme», c'est-à-dire l'idée selon laquelle Dieu aurait créé les espèces toutes faites, indépendantes les unes des autres. Cette croyance a survécu jusqu'au XVIIIe siècle et on la retrouve par exemple chez Carl von Linné, le premier à présenter une classification moderne des espèces. Puis, de plus en plus de chercheurs ont choisi de renoncer à cette croyance (à l'exception des créationnistes scientifiques), provoquant la «crise» du paradigme antérieur qui allait de pair.

Le nouveau paradigme suggérait, nous l'avons vu, entre autres problèmes, la question des origines de l'espèce humaine. C'est donc guidés par lui que, au XXe siècle, les hommes de science partirent à la recherche de nos origines.

2. **L'Afrique dans le nouveau paradigme**

Dans le nouveau paradigme qui se mettait en place, l'Afrique trouva d'emblée une place de choix. Spéculant sur les origines

12. *Ibid.*, p. 66.

de l'espèce humaine, Darwin suggéra le premier que l'Afrique pouvait en être le creuset :

> Il est donc probable que l'Afrique a autrefois été habitée par des singes disparus très voisins du gorille et du chimpanzé ; or, comme ces deux espèces sont actuellement celles qui se rapprochent le plus de l'homme, il est probable que nos ancêtres primitifs ont vécu sur le continent africain plutôt que partout ailleurs[13].

L'Afrique consacrée ? L'Afrique reconnue berceau de l'humanité ? L'idée était trop belle pour être acceptée par tous. En effet, de nombreux chercheurs ont formulé alors des réserves. Jusqu'à l'après-guerre, rappelle Brigitte Senut, « les chercheurs répugnaient à envisager le continent africain comme le berceau possible des préhumains[14] ». Quand bien même, nous l'avons vu, Darwin avait exprimé son point de vue dès le XIXe siècle, pour certains, l'Afrique, continent barbare, ne méritait pas une telle consécration. Surtout qu'à l'époque de l'intuition darwinienne, des fossiles d'hominoïdes[15] vieux de plusieurs millions d'années avaient été découverts en… Europe et dans le sous-continent indien plutôt qu'en Afrique !

13. Charles Darwin, *La descendance de l'homme et la sélection sexuelle*, *op. cit.*, p. 169.
14. Brigitte Senut, « Chapitre 7 : L'Afrique, berceau des préhumains », dans *Les origines de l'homme*, Paris, Éditions Tallandier, 1998, p. 64.
15. Hominoïdes : singes sans queue, de grande taille, habitués à se suspendre et à la verticalité. Leurs origines, africaines, remonteraient à 30 millions d'années, avec une première expansion il y a 20 millions d'années. Dans l'état actuel des connaissances, ils comprennent les gibbons, les orangs-outans, les gorilles, les chimpanzés et les hommes. Voir Pascal Picq, « Chapitre 4 : Classer les familles n'est pas un jeu d'enfant », dans *Les origines de l'homme*, Paris, Éditions Tallandier, 1998, pp. 44-47.

Mais l'Afrique ne tarda pas à fournir ses preuves. À partir des années 1920, l'Afrique commence à se faire entendre. En 1924, les premiers représentants des hominidés[16] sont découverts dans la carrière de Taung (Afrique du Sud) par Raymond Dart. C'est un crâne d'enfant auquel Dart attribua le nom d'*Australopithecus africanus*. Encore une fois, une majorité de scientifiques sont demeurés sceptiques face à cette découverte en provenance de l'Afrique. Non seulement les fossiles en cause ne présentaient pas à leurs yeux les caractères souhaités, mais l'Afrique « n'était [tout simplement] pas le bon continent ![17] » Il eut été préférable que les fossiles des préhumains fussent trouvés en Europe ou en Asie. Il a donc fallu attendre que l'Afrique fournisse davantage de preuves au cours du XXe siècle, pour convaincre qu'elle méritait bien le titre de berceau de l'humanité. Il n'empêche que « certains scientifiques favorisent encore aujourd'hui une origine asiatique pour les hominidés[18] ».

Ces preuves, l'Afrique en fournit et beaucoup, au XXe siècle. En 1959, Louis Leakey découvre dans la gorge d'Olduvai (Tanzanie actuelle) le crâne d'un homme fossile, un australopithèque, qui se révéla vieux de 1 750 000 années. De plus, il met la main à de très anciens outils en obsidienne, aussi anciens

16. Hominidés : c'est la famille des grands singes africains vivant en forêt ou dans les savanes arborées. Leurs origines, africaines, se situent entre 15 et 10 millions d'années. Ils comprennent, dans l'état actuel des connaissances les chimpanzés, les gorilles et les hommes. Voir Pascal Picq, « Chapitre 4 : Classer les familles n'est pas un jeu d'enfant », dans *Les origines de l'homme*, Paris, Éditions Tallandier, 1998, pp. 44-47.
17. Brigitte Senut, *op. cit.*, p. 64.
18. Martin Pickford, « Chapitre 5 : Nous descendons des grands singes africains », dans *Les origines de l'homme*, Paris, Éditions Tallandier, 1998, pp. 49-50.

sinon plus que ceux des sites du continent européen. Si cette découverte laisse elle aussi nombre de scientifiques perplexes, en revanche elle en persuade d'autres à faire leurs bagages[19] et de partir… pour l'Afrique. C'est ainsi que naquit la «ruée vers l'os»: «L'Afrique, écrit Yves Coppens, considérée jusque-là comme trop barbare pour avoir pu engendrer notre genre prestigieux, voit alors s'abattre des nuées des spécialistes fébriles[20].»

Aucun autre continent que l'Afrique n'a été témoin d'une telle frénésie anthropologique. Ce n'est pas que l'Afrique a été subitement privilégiée par les chercheurs au détriment des autres continents, loin de là. Si on se précipita bruyamment en Afrique, c'est parce qu'il y avait de fortes raisons d'y découvrir les restes des préhumains. Interrogé sur l'intérêt porté à l'Afrique, Yves Coppens s'explique:

> Parce qu'il y a là d'énormes accumulations de sédiments. En France, cinq millions d'années donnent quelques mètres de sédiments, au mieux quelques dizaines de mètres. Mais dans la Rift Valley vous avez des milliers de mètres d'épaisseur. Prenez la vallée de l'Omo. Vous avez mille cent mètres d'épaisseur. Vous démarrez en bas à quatre millions d'années et vous terminez en haut à un millier d'années. Ce qui signifie que vous pouvez étudier trois millions d'années point par point comme à la loupe. Et, en plus, ce bloc de mille cent mètres a basculé sur sa

19. Yves Coppens, *Le singe, l'Afrique et l'homme*, Paris, Fayard, 1991, p. 176.
20. *Ibid.*, p. 226.

> tranche dans la vallée de l'Omo. Les trois millions d'années s'étalent sous vos pieds, à l'horizontale… Quand vous avez un tel volume d'emballage, vous trouvez forcément beaucoup[21].

Ceux qui partirent ne furent pas déçus, l'Afrique ne se montra pas avare de ses fossiles :

> L'Afrique, écrit encore Yves Coppens, – plus précisément, l'Afrique orientale d'abord, puis l'Afrique orientale et l'Afrique méridionale – représente en effet, pour le moment, la seule région du monde à avoir offert à la Paléontologie des Hominidés incontestables de 2, 3, 4, 5, 6, peut-être 10 millions d'années […] et en vingt années, Louis Leaky, Camille Arambourg, Marie Leakey, Richard Leakey, Francis Clark Howell, Jean Chavaillon, Maurice Taïeb, Donald Johanson, moi-même et nos équipes avons extrait de ces archives quelque 200 000 restes de Vertébrés et, parmi eux, 2000 restes d'Hominidés[22].

Aujourd'hui, il est acquis que les préhumains sont apparus en Afrique :

> Les préhumains au sens large sont, écrit Brigitte Senut, dans l'état actuel de nos connaissances, connus exclusivement sur le territoire africain[23].

21. *Ibid.*, p. 178.
22. *Ibid.*, p. 130.
23. Brigitte Senut, « Chapitre 7 : L'Afrique, berceau des préhumains », dans *Les origines de l'homme*, Paris, Éditions Tallandier, 1998, p. 67.

Et Yves Coppens de renchérir :

> [i]l apparaît de plus en plus clairement que l'ancêtre de l'Homme est bien l'Australopithèque et que l'Australopithèque est bel et bien africain[24].

De même, il est largement admis que les premiers représentants du genre *Homo* sont apparus en Afrique. C'est ici que Louis Leakey et son équipe ont découvert en 1960 le crâne et la main de ce qui fut reconnu comme une nouvelle espèce, *Homo habilis*, l'homme habile, capable d'utiliser des outils. Premiers représentants du genre *Homo*, les *Homo habilis* seraient apparus en Afrique il y a 2.5 à 1.8 millions d'années[25]. C'est également sur ce continent qu'apparut il y a 1,9 million d'années *Homo ergaster*, l'espèce des hommes très mobiles, qui fut probablement la première à sortir d'Afrique[26]. C'est encore d'ici, il y a à peine quelques dizaines de milliers

24. Yves Coppens, *Le singe, l'Afrique et l'homme*, *op. cit.*, p. 130.
25. *Ibid.*, p. 117 ; voir également Brigitte Senut, « Les humains les plus anciens », dans *Les origines de l'humanité*, dossier hors série, *Pour la Science*, janvier 1999, p. 66.
26. Qui est *Homo ergaster* ? La communauté scientifique demeure divisée à son sujet. De plus en plus, *Homo ergaster* désigne l'espèce africaine qui a succédé à *Homo habilis*. De nombreux paléoanthropologues soutiennent que, *Homo ergaster*, espèce africaine, n'est pas à confondre avec *Homo erectus* qui est son pendant asiatique ; celui-ci serait indépendant de celui-là. D'autres scientifiques pensent au contraire que dans les deux cas, il s'agit toujours de *Homo erectus* dont la forme africaine paraît davantage archaïque. Lire à ce sujet Jean-Jacques Hublin, « Chapitre 15 : La longue marche d'*Homo erectus* », dans *Les origines de l'homme*, Paris, Éditions Tallandier, 1998, pp. 118-119. Voir également Brigitte Senut, « Les humains les plus anciens », dans *Les origines de l'humanité*, dossier hors série, *Pour la Science*, janvier 1999, p. 68.

d'années, que les hommes modernes partirent vers les autres continents[27].

Tout pousse à croire que l'Afrique est réellement la «Patrie de l'homme», pour reprendre l'expression de l'historien africain Joseph Ki-Zerbo[28]. Elle n'a pas usurpé le titre de berceau de l'humanité; c'est bien sur ses terres que l'ancêtre de l'espèce humaine a vu le jour; c'est également sur son territoire que notre propre espèce a vu le jour. Des chercheurs sérieux l'admettent sans peine:

27. Ici également l'origine de l'homme moderne continue de diviser la communauté scientifique, en deux courants opposés. Le premier appelé modèle de l' «arche de Noé» mise sur l' «origine unique» et africaine de l'homme moderne qui serait parti vers les autres parties du monde il y a environ 200 000 ans. Cet homme aurait remplacé les formes anciennes trouvées dans ces nouveaux lieux. Le second courant appelé modèle «multirégional» ou de «continuité régionale» insiste sur une différenciation régionale qu'aurait subi entre 1,7 et 0,7 million d'années les *Homo ergaster* (ou les *Homo erectus*) hors du continent africain dont ils sont originaires. La lignée humaine aurait ainsi évolué dans une sorte de continuité régionale jusqu'à *Homo sapiens sapiens*. Mais les travaux réalisés en biologie moléculaire au XXe siècle appuient plutôt le premier modèle; ils ont conclu à l'origine africaine de l'homme moderne et à sa migration vers les autres continents où il aurait remplacé les formes humaines locales. Lire à ce sujet Véronique Barriel, «L'origine génétique de l'homme moderne», dans *Les origines de l'humanité*, dossier hors série, *Pour la Science*, janvier 1999, pp. 92-98. Voir également Ian Tattersal, «Les premiers exodes», dans *Les origines de l'humanité*, dossier hors série, *Pour la Science*, janvier 1999, pp. 70-77. Lire enfin Himla Soodyall, «Genetic evidence for our recent African evolution», dans Geoffrey Blundell (sous la direction de), *Origins. The story of the emergence of humans and humanity in Africa*, Cape Town (Afrique du Sud) – London/Double Storey – Global, 2006, p. 68.
28. Joseph Ki-Zerbo, *Histoire de l'Afrique noire. D'Hier à Demain*, Paris, Librairie A. Hatier, 1978, p. 39.

> Il n'y a toujours pas de doute que l'histoire des hominidés au sens strict commence en Afrique, et que c'est dans ce continent que notre lignée est née[29], écrit Ian Tattersall.

Pour Yves Coppens :

> C'est en Afrique que les hominidés se sont individualisés à partir des grands singes et que l'homme est apparu[30].

Ailleurs Ian Tattersal affirme une nouvelle fois que :

> On n'a aujourd'hui aucune raison de penser que le genre humain est apparu ailleurs qu'en Afrique, car aucun fossile d'hominidé (le groupe de tous les primates bipèdes) datant de la première moitié de l'histoire des hominidés n'a été trouvé en dehors de ce continent[31].

3. Le paradoxe d'un berceau de l'humanité demeuré longtemps sous-peuplé

Si comme nous venons de le voir l'Afrique au sud du Sahara est habitée depuis la nuit des temps, en revanche, dans les temps historiques, cette partie du monde est demeurée

29. Ian Tattersal, « Human evolution in Africa », dans Geoffrey Blundell (sous la direction de), *Origins. The story of the emergence of humans and humanity in Africa*, Cape Town (Afrique du Sud) – London/Double Storey – Global, 2006, p. 20.
30. Yves Coppens, « Une histoire de l'origine des hominidés », dans *Les origines de l'humanité*, dossier hors série, *Pour la Science*, janvier 1999, p. 16.
31. Ian Tattersal, « Les premiers exodes », dans *Les origines de l'humanité*, dossier hors série, *Pour la Science*, janvier 1999, p. 70.

longtemps inhospitalière. Aussi loin que les sources historiographiques ou paléoanthropologiques nous permettent de remonter dans le lointain passé africain, tout semble indiquer que l'Afrique subsaharienne est demeurée une terre sous-peuplée[32]. Catherine Coquery-Vidrovitch note que dans l'Afrique ancienne, «la croissance démographique à long terme resta, selon toutes probabilités, très faible plusieurs siècles durant: les sources archéologiques le confirment, qui feraient remonter le peuplement relativement intensif de la zone subsaharienne [...] [à] il n'y a guère plus d'un millénaire[33]».

Le peuplement des différentes parties de l'Afrique subsaharienne intervint tard donc; il est une conséquence de la révolution néolithique[34]. C'est «la maîtrise de la production alimentaire et du travail des métaux, écrit Iliffe, [qui] donna lieu à des concentrations de population...[35]» S'interrogeant sur les conditions de la naissance de l'agriculture en Afrique au sud du Sahara (en Éthiopie et en Afrique de l'Ouest

32. John Iliffe, *Les Africains. Histoire d'un continent, op. cit.*, p. 10.
33. Catherine Coquery-Vidrovitch, *Afrique noire. Permanences et ruptures*, Paris, L'Harmattan, 1993, p. 21.
34. La révolution néolithique s'est amorcée au 6e millénaire av. J.-C. Elle est marquée par la sédentarisation et la domestication des plantes par les groupes humains nomades qui jusqu'ici avaient vécu de chasse et de cueillette. Contrairement à l'idée diffusionniste pour qui cette révolution serait partie du Proche-Orient (Sumer) pour se diffuser ailleurs par la suite, d'aucuns pensent que l'agriculture serait apparue au néolithique de manière indépendante dans 7 ou 8 foyers à travers le monde. Jean-Paul Demoule parle pour sa part d'une «demi douzaine de régions où le néolithique paraît avoir été inventé sur place: Chine, Andes, Mexique, Nouvelle-Guinée, Afrique.», dans Jean-Paul Demoule, *Les origines de la culture. La révolution néolithique*, Paris, Éditions Le Pommier, 2008, p. 95.
35. Iliffe, op. cit., p. 10.

d'abord) dont l'extension date d'il y a quelque 3000 ans, Coquery-Vidrovitch suggère que cette «révolution agricole» est elle-même consécutive à une croissance démographique autonome, qui serait survenue chez les chasseurs-cueilleurs[36]. En d'autres termes, si les populations de cueilleurs-chasseurs subsahariens ont accédé à la sédentarisation et à la domestication des plantes, c'est qu'en amont, la pression du nombre doit avoir joué. L'historienne ne nous dit pas quand et dans quelles circonstances est apparue cette «révolution démographique» chez les cueilleurs-chasseurs au sud du Sahara. Elle pense néanmoins que l'accès à l'agriculture y a suivi un schéma devenu classique depuis l'Angleterre du XVIIIe siècle: «[...] ce fut la "révolution démographique" préalable qui conditionna l'émergence de la "révolution agricole"...[37]»

Quoi qu'il en soit, l'extension de l'agriculture en Afrique subsaharienne doit avoir été très progressive, disons très lente. La littérature historiographique atteste le fait que ce n'est que tard, du XIe au XVIIe siècles, que de véritables communautés agricoles se mettent à coloniser la savane et la forêt d'Afrique occidentale et centrale[38]. Mais la nature se révéla hostile à ces colonisateurs tard venus: «[...] les vieilles roches de l'Afrique, ses sols pauvres, ses pluies capricieuses, l'abondance des insectes et la fréquence exceptionnelle de la maladie

36. Catherine Coquery-Vidrovitch, *op. cit.*, p. 21.
37. *Ibid.*
38. John Iliffe, *op. cit.*, p. 128. On ignore pour le moment les raisons de l'extension si lente, disons si tardive de la «révolution agricole» à l'ensemble de l'Afrique subsaharienne. Coquery-Vidrovitch se demande: «[...] pourquoi l'agriculture, qui est apparue au Soudan vers 4000 ans avant J.-C., a mis 5 millénaires à devenir plus au sud, dans l'ensemble des savanes sèches, le mode dominant de subsistance [...]», *op. cit.*, p. 30.

constituaient un environnement hostile aux communautés agricoles[39]. » Voilà des obstacles majeurs sur la route de ceux dont la vocation était de peupler l'Afrique.

Sans qu'il ne soit uniforme d'un bout à l'autre de l'Afrique subsaharienne, le sous-peuplement chronique de cette dernière demeura à peu près en l'état jusqu'au milieu XXe siècle. Dès leurs premiers contacts avec l'Afrique subsaharienne à partir du XVe siècle, les Européens l'ont constaté et décrit. Voici ce qu'écrit Iliffe au sujet de l'Afrique orientale : « Des zones très vastes demeuraient presque vides, souvent faute d'approvisionnement en eau. En 1616, un voyageur portugais parcourut à pied, en onze jours, la distance séparant Kilwa sur la côte tanzanienne, de Tête sur le Zambèze : au cours de son trajet, il ne traversa qu'un seul village[40]. » Tard, à la fin du XIXe siècle, Henry Morton Stanley écrivait : « Si l'on devait voyager en ballon… on verrait une grande forêt unique, interrompue de-ci de-là par des petites clairières entourant des villages[41]. » Plus tard encore, à la décolonisation de l'Afrique subsaharienne autour de 1960, on s'en souvient, son sous-peuplement alimentait le discours pessimiste des observateurs occidentaux quant aux chances réelles d'un décollage économique dans cette partie du monde. Jacques Giri résume la situation en ces termes :

> […] [O]n peut retenir l'image d'une Afrique qui fut, pendant des siècles, peu peuplée, en moyenne beaucoup moins que ne l'étaient certaines parties de l'Europe et

39. Joh Iliffe, *ibid.*, p. 10.
40. *Ibid.*, pp. 223-224.
41. Stanley, cité dans Iliffe, *ibid.*, p. 224.

> de l'Asie. Même s'il est probable que certaines régions d'Afrique connurent déjà, dans des temps anciens, de fortes densités de population, c'étaient de petites provinces, disons des provinces à l'échelle du millier ou à la rigueur de la dizaine de milliers de km^2, isolées au milieu d'un tissu humain peu dense, voire d'un quasi-désert humain. Et il ne semble pas qu'il ait jamais existé au sud du Sahara de vastes régions, à l'échelle du km^2, fortement peuplées, comme on pouvait en trouver en Europe occidentale, en Inde et en Chine[42].

Un sous-peuplement aussi durable suggère qu'au cours du long passé de l'Afrique subsaharienne, la lutte a été rude entre les forces de mort et les forces de vie[43]. Dans les forces de mort figurent les maladies anciennes à l'Afrique et, depuis le XVe siècle, les maladies nouvelles nées des contacts avec les Européens. Dans les forces de mort se rangent aussi les famines qui étaient connues dans toutes les régions. Dans les forces de mort figurent enfin les traites négrières subies par l'Afrique subsaharienne ainsi que la violence engendrée par la mise en rapport de l'Afrique avec d'autres civilisations à des moments donnés de l'histoire.

Dans les forces de vie, nous pouvons compter la présence d'une alimentation plus ou moins riche dans les hautes terres, là où l'absence de la mouche tsé-tsé rend possible l'élevage bovin. La disponibilité de lait y a constitué un facteur de préservation, des enfants notamment, cela d'autant plus que

42. Jacques Giri, *L'Afrique en panne. Vingt-cinq ans de « développement »*, Paris, Éditions Karthala, 1986, pp. 15-16.
43. Nous empruntons les catégories « forces de vie » et « forces de mort » à Coquery-Vidrovitch, *op. cit.*, pp. 23-26.

ces lieux étaient souvent exempts de malaria[44]. Dans les forces de vie, il convient d'y inscrire également l'introduction à partir du XVIe siècle par les Européens des plantes américaines : le manioc d'abord, suivi par le maïs, les haricots et les patates douces. Bien que leur diffusion ait été très étalée dans le temps[45], les historiens sont d'accord pour dire que ces nouvelles denrées ont enrichi le menu des populations de l'Afrique au sud du Sahara et partant contribué à améliorer la croissance démographique du continent africain[46]. Pour sa part, Coquery-Vidrovitch parle ni moins d'une « révolution du manioc » :

> Plus rapides furent, dès le XVIe siècle, les effets de la mise en contact avec le monde amérindien par la « révolution du manioc » : depuis lors, la frontière agricole de la forêt n'a cessé d'avancer, en raison de l'intérêt combiné des forestiers et des agriculteurs. D'où un formidable renversement des foyers démographiques. La forêt était, en effet, jusqu'à la fin du XVe siècle, une zone relativement peu peuplée, par une population de chasseurs-cueilleurs, et de pêcheurs sur la côte et le long des lagunes. Les grandes ressources y étaient alors le poisson et l'igname, complétés de feuilles, fruits et petits animaux. Le poids démographique de la forêt s'est [...] accéléré au fil des

44. Iliffe, *ibid.*, p. 231.
45. Si le manioc s'est répandu rapidement au royaume Kongo à partir du XVIIe siècle, pour certains territoires d'Afrique subsaharienne, il aura fallu attendre le XXe siècle avant qu'il y parvienne.
46. Voir spécialement Iliffe, *op. cit.*, p. 223. Iliffe montre que l'introduction de ces nouvelles récoltes a transformé les systèmes agricoles et a favorisé la croissance démographique à l'instar de l'introduction de la banane dans la région des Grands lacs via la côte orientale probablement à la fin du Ier millénaire après J.-C. Cette dernière plante en provenance d'Asie supplanta la culture du yam et du sorgho alors courante dans la région des Grands lacs africains.

> siècles : il y a 500 ans, la zone contenait seulement [...] les 2/5 de [...] [la population] de l'Afrique subsaharienne [...]. Actuellement, la situation s'est inversée : [...] les 5/8 de [...] [la population] de l'Afrique noire relèvent de la forêt...[47]

Pour sa part, Iliffe énumère les avantages de deux de ces plantes amérindiennes par rapport aux plantes locales africaines tout en nous donnant une idée des raisons de leur diffusion lente et assez différenciée sur le continent :

> Dans les régions de savane humide, le maïs donne près de deux fois plus de calories par hectare que le millet, et 50 % de plus que le sorgho. Le manioc, quant à lui, contient 150 % de calories de plus que le maïs, et il est moins sensible à la sécheresse. L'un et l'autre se diffusèrent de manière assez erratique. Le maïs atteignit la région du Kongo entre 1548 et 1583, mais ne parvint dans les prairies camerounaises qu'au siècle dernier. Il fut adopté surtout dans les zones limitrophes entre forêt et savane, dans les bassins fluviaux, là où il fournissait aux voyageurs parcourant de longues distances une nourriture facilement transportable. Le manioc parvient au Kongo peu après 1600, puis se diffusa très vite à travers la région équatoriale et ses marges du sud, où il devint la culture principale des royaumes lunda, luba et kazembé au cours du XVIIIe siècle. Il prit aussi de l'importance dans certaines parties des côtes d'Afrique occidentale, mais ne se répandit que lentement à l'intérieur des terres[48].

Et Iliffe de conclure sur le bénéfice de l'introduction du manioc et du maïs sur la croissance démographique subsaharienne :

47. Coquery-Vidrovitch, *op. cit.*, p. 22-23.
48. Iliffe, *op. cit.*, p. 277.

> Ces nouveaux produits ont certainement permis de produire davantage de nourriture dans une région à l'alimentation relativement médiocre, bien que le manioc – souvent considéré comme le plat du pauvre – ne soit vraiment nourrissant qu'accompagné de produits riches en protéines, comme le poisson. Tous deux constituent en tout cas une bonne raison de penser que le potentiel de croissance démographique était élevé à cette époque[49].

Dans la lutte entre forces de mort et forces de vie dans l'histoire de l'Afrique subsaharienne, les dernières ont toujours fini par prendre le dessus. L'instinct de survie des Africains a été tel que ses effets ont réussi à contrebalancer ceux des forces mortifères. L'Afrique subsaharienne a néanmoins connu globalement une croissance démographique lente, jusqu'au milieu du XVIIe siècle, à tout le moins.

4. Stagnation marquée de la démographie subsaharienne entre le XVIIIe siècle et la fin de la Première Guerre mondiale

Nous venons de voir au point précédent qu'en dépit du poids des forces de mort, l'Afrique subsaharienne a *grosso modo* maintenu, jusqu'au XVIIe siècle une lente croissance démographique, mais croissance tout de même. Dans sa contribution « La démographie africaine entre convergences et divergences » au collectif dirigé par Benoît Ferry[50], Jean-Pierre

49. Iliffe, *ibid.*, pp. 277-278.
50. Benoît Ferry, *L'Afrique face à ses défis démographiques. Un avenir incertain* (dir), Paris/Nogent-sur-Marne/Paris, Éditions AFD/CEPED/Karthala, 2007, 384 p.

Guengant reprend les estimations de la population subsaharienne depuis 1500, estimations que Jean-Noël Biraben a réalisées en 2003. En 1500, la population subsaharienne s'élevait à quelque 78 millions d'habitants au sein d'une population mondiale estimée à 458 millions d'individus. Ainsi, en 1500, l'Afrique subsaharienne pesait pour 17 % de la population mondiale. En 1900, soit quatre siècles plus tard, la population subsaharienne passait à peine à 95 millions d'habitants dans une population mondiale estimée à 1613 millions d'individus, ce qui correspond à un poids démographique relatif de 7 %.

Le tableau ci-après illustre l'évolution démographique de l'Afrique subsaharienne ainsi que celle des autres régions du monde pour la période considérée. L'intérêt d'un tel tableau est qu'il offre une vue synoptique de l'évolution démographique subsaharienne parallèlement à celles des autres régions du monde.

Tableau 1. Population mondiale par grandes régions, en 1500 et 1900

Régions	**Population en 1500 en millions**	**Poids en % dans la population mondiale**	**Population en 1900 en millions**	**Poids en % dans la population mondiale**	**Ratio 1900/1500**
Chine[51] (Corée incluse)	84	18,34	415	25,73	4,9
Inde (Pakistan et Bengladesh inclus)	95	20,74	290	17,98	3,1
Japon	8	1,75	44	2,73	5,5
Afrique subsaharienne	**78**	**17, 03**	**95**	**5,89**	**1,2**
Europe (Russie incluse)	84	18,34	422	26,16	5,0
Amérique du Nord	3	0,66	90	5,58	30,0
Monde	458	100,00	1613	100,00	3,5

Source : Adaptation d'un tableau de Jean-Pierre Guengant[52]

Ces chiffres montrent qu'au cours de cette période de quatre cents ans, les autres régions du monde ont connu des croissances démographiques davantage soutenues. Ainsi, la Chine (Corée incluse) est passée de 84 millions d'habitants en 1500 à 415 millions en 1900. L'Inde (Pakistan et Bengladesh inclus) passait de 95 millions d'habitants en 1500 à 290 millions

51. Chine, Corée incluse.
52. Jean-Pierre Guengant, « La démographie africaine entre convergences et divergences », dans Benoît Ferry, *L'Afrique noire face à ses défis démographiques. Un avenir incertain* (sous la direction de), Paris/Nogent-sur-Marne/Paris, AFD/CEPED/Karthala, 2007, p. 31.

en 1900. Le Japon, dont la population en 1500 est estimée à 8 millions d'habitants, la verra passer à 44 millions en 1900. L'Europe (Russie incluse) pour sa part verra sa population passer de 84 millions d'habitants en 1500 à 422 millions en 1900.

À l'évidence, entre 1500 et 1900, l'Afrique subsaharienne connaît une évolution démographique singulière en ce qu'elle tranche avec celles des autres régions du monde. Sa situation est caractérisée par une quasi-stagnation de sa population et par une chute de son poids relatif: elle qui en 1500 abritait 17 % de la population mondiale n'en avait plus que 6 % en 1900. Que s'est-il passé au cours de ces 400 ans ? Comment expliquer cette quasi-stagnation de la population subsaharienne au moment où les autres régions du monde avaient une croissance démographique plus soutenue ?

Dans cet intervalle, on sait aujourd'hui que la chute du poids démographique relatif subsaharien ne concerne qu'une partie de temps plus réduite, soit du début du XVIIIe siècle à la fin de la Première Guerre mondiale[53]. Que s'est-il produit ? Pour le savoir, il convient de rechercher les événements ou les facteurs présents dans cette période de temps et qui seraient susceptibles d'expliquer la chute du poids relatif subsaharien.

53. En effet, au XVIIe siècle, l'embellie de la croissance démographique observée au siècle précédent s'est maintenue. Dominique Tabutin note que vers 1650, l'Afrique subsaharienne représentait 20 % de la population mondiale. Voir, Dominique Tabutin, « Réalités démographiques et sociales de l'Afrique d'aujourd'hui et de demain : une synthèse », dans Dominique Tabutin, *Population et sociétés en Afrique au sud du Sahara* (sous la direction de), Paris, Éditions L'Harmattan, 1988, p. 22.

Nous identifions trois types de facteurs dont un est d'ordre écologique alors que les deux autres relèvent de l'histoire.

Le premier type de facteurs concerne l'écologie africaine. Aussi longtemps qu'il nous est possible de remonter dans l'histoire de l'Afrique subsaharienne, on se rend compte que les sécheresses, les invasions de sauterelles et les pluies abondantes étaient souvent le lot de cette partie du monde. Ces conditions, est-il besoin de le rappeler, provoquent des famines à grande échelle, avec parfois de longs épisodes. À leur tour les famines ouvrent la voie aux maladies et aux épidémies. Dans le chapitre 2, nous étudierons le schéma qui va des conditions climatiques aux famines et de ces dernières aux maladies. Il faut voir dans ce schéma une part de l'explication de la stagnation démographique subsaharienne dans la période en cause.

Le deuxième type de facteurs renvoie aux traites négrières. Elles occupent une place de choix dans l'explication du phénomène en cause, cela d'autant plus que la cadence et les volumes étaient considérables. Nous verrons dans le chapitre 3 ce que fut ce commerce humain sur la côte atlantique, sans oublier la traite orientale en faveur du monde arabo-musulman, traite à la fois antérieure et postérieure à la traite atlantique.

Le troisième et dernier type de facteurs est la colonisation de l'Afrique par les puissances européennes dès la fin du XIXe siècle. Elle s'est révélée particulièrement violente dans sa première phase. Nous verrons dans le chapitre 4 que cette violence a été telle, du moins jusqu'à la fin de la Première

Guerre mondiale, qu'elle contribue, elle aussi, à expliquer la stagnation démographique de l'Afrique subsaharienne dans la période à l'étude.

Chapitre 2

Effets combinés des calamités naturelles et de l'action humaine sur la démographie subsaharienne

> Guerres, sécheresse, famine, épidémies, criquets, peste bovine ! Pourquoi tant de calamités successives ? Pourquoi ?
>
> *François Coillard, missionnaire au Bulozi (Zambie)*

À la fin du chapitre précédent, nous avons identifié trois raisons pouvant expliquer la stagnation de la démographie subsaharienne entre 1500 et la fin de la Première Guerre mondiale. Il s'agissait de l'écologie africaine, des traites négrières et, enfin, de la colonisation de l'Afrique par les puissances impériales européennes à partir de la fin du XIXe siècle. Ce chapitre-ci traite de la première cause, à savoir l'écologie africaine. Il s'agira plus précisément de voir de quelle manière les calamités liées à l'écologie de l'Afrique subsaharienne (sécheresses, invasions de criquets, famines et épidémies) ont pesé sur sa démographie au cours de la période à l'étude. Que les désastres naturels aient figuré parmi les principales causes de mort en Afrique, cela ne serait une surprise pour personne, c'est l'évidence même. Cependant, depuis les années 1970, un petit nombre de travaux, pionniers en la matière, ont attiré l'attention sur le fait que dans l'histoire africaine les désastres naturels ont rarement agi seuls; *ils se déroulent toujours sur un fond social et politique avec lequel ils interfèrent.* Autrement dit, les désastres naturels et le fond social et politique dans lequel ils se déroulent entretiennent des relations, qui d'ailleurs ne sont pas à sens unique: si les désastres naturels peuvent avoir des incidences sociales et politiques, il n'est pas moins vrai que les événements sociaux et politiques peuvent aggraver les effets des désastres naturels. Dans le développement du présent chapitre, c'est le second aspect qui retient notre attention, soit l'aggravation des effets des désastres naturels par des évènements relevant de l'action et de la volonté humaines.

Concrètement, dans un premier point, nous rappelons la familiarité de l'Afrique subsaharienne avec les aléas climatiques. Il s'agira d'entreprendre un tour de l'Afrique subsaharienne et d'évoquer, région par région, les aléas climatiques fréquents ainsi que les famines et la mort qui en résultent comme conséquences.

Le point deux discute la nécessité d'une approche novatrice dans la compréhension des effets des désastres naturels en Afrique. L'approche proposée privilégie le fait que les effets des désastres naturels se combinent à l'action humaine. Cette grille d'analyse se veut novatrice pour la simple raison qu'elle renouvelle et complète les éléments à partir desquels se fait l'interprétation des conséquences des désastres naturels, à savoir leur *intensité* et leur *fréquence*. Ainsi, au cours de la période considérée de l'histoire subsaharienne, ce ne sont pas seulement l'*intensité* des catastrophes naturelles et leur *fréquence* qui les rendirent meurtrières. Pour le devenir, s'y mêlaient également des faits relevant de l'action et de la volonté humaines, en l'occurrence les guerres civiles. Aux effets des désastres naturels se mêlaient également les traumatismes et autres formes de violence nés des rapports que l'Afrique subsaharienne entretint jadis avec le monde extérieur, c'est-à-dire les traites négrières et la colonisation.

Fort de la grille développée dans le point deux, le point trois illustre l'approche novatrice décrite dans le point deux et montre, à l'aide d'exemples concrets, comment l'action humaine se combine aux désastres naturels, accentuant ainsi les conséquences de ces derniers sur la démographie subsaharienne.

Le dernier point s'intéresse aux maladies anciennes et aux maladies nouvelles résultant du contact de l'Afrique avec les civilisations d'ailleurs.

1. Aléas climatiques et mortalité dans l'Afrique précoloniale

En dépit de leurs insuffisances, les sources écrites et orales sur la présence et la fréquence des aléas climatiques en Afrique subsaharienne au cours des derniers siècles, lorsqu'elles existent, permettent d'inférer que les risques climatiques – et les famines qui en sont le corollaire – ont été le lot de cette partie du monde. On peut en tout cas le dire avec une relative certitude pour la période allant du début du XVIe siècle à la fin de la Première Guerre mondiale. Le moins que l'on puisse dire est que ces calamités naturelles et la famine qu'elles provoquent ont été meurtrières. Elles ont pesé de quelque poids dans la stagnation démographique subsaharienne. L'historien John Iliffe le rappelle :

> La famine constituait dans toutes les régions, sauf les mieux arrosées, le second obstacle à l'accroissement des populations. Les traditions orales, comme les chroniques islamiques des villes de la savane, soulignent ses effets dévastateurs[54].

Un peu plus loin :

> Ces famines, poursuit Iliffe, pouvaient être dues aux criquets (mentionnés au Mali en 1352 par Ibn Battuta), à des fortes pluies, à des abus de pouvoir, ou à des guerres, mais la sécheresse en était la raison principale[55].

On prit l'habitude, presque partout à travers l'Afrique subsaharienne, de nommer les famines qui firent mémoire[56], faisant d'elles des points de repère pour dater leur histoire[57].

Faisons un petit tour d'horizon selon les régions pour nous convaincre de la présence et de la fréquence des aléas climatiques et des famines. Nous ferons mention lorsque ce sera le cas de quelques sécheresses et famines qui ont fait mémoire.

54. John Iliffe, *Les Africains. Histoire d'un continent*, trad. de l'anglais par Jean-Paul Mourlon, Paris, Flammarion, 1997, p. 138.
55. *Ibid.*
56. Voir à ce sujet : Arouna Hamidou Sidikou, *Sédentarité et mobilité entre Niger et Zgaret*, Niamey, Centre nigérien de recherche en sciences humaines, 1974, p. 22.
57. Iliffe, *op. cit.*, p. 227.

1.1. En Afrique de l'Ouest

La chronologie établie par Charles Becker sur les conditions écologiques en Sénégambie aux XVIIe et XVIIIe siècles nous fournit un premier éclairage qui vaut non seulement pour la Sénégambie mais pour l'ensemble de l'Afrique occidentale :

> Pour le 17e siècle, écrit Becker, on trouve des mentions de famines et de disettes pour une quinzaine d'années environ, mais il est possible que ce nombre soit supérieur. [...] il apparaît que les textes mettent en avant diverses causes qui, seules ou conjuguées, auraient provoqué ces famines. C'est surtout la sécheresse ou la mauvaise pluviosité qui est citée, mais aussi les invasions de sauterelles voire les inondations[58].

Quant au XVIIIe siècle, les sources en sa possession font dire à Becker qu'on y assista à une péjoration climatique et à une dégradation des conditions écologiques :

> On trouve mention de famines et de disettes parmi les populations sénégambiennes pour une trentaine d'années au moins. Ainsi, des problèmes alimentaires parfois aigus ont-ils existé pendant un tiers de ce siècle, sinon plus, et ont-ils entraîné de fortes mortalités, des problèmes sanitaires et sociaux[59].

Pour le Sahel, Astrid Meier souligne que le trait le plus important des précipitations est leur extrême imprévisibilité et leur variation autant dans le temps que dans l'espace : « ce qui est

---

58. Becker, « Notes sur les Conditions Écologiques en Sénégambie aux 17e et 18e siècles », dans *African Economic History*, n° 14 (1985), p. 209.
59. *Ibid.*

« normal » pour le Sahel, ce n'est pas un total de moyennes de précipitations sur [une période de] 10, 50, ou 100 ans, mais la variabilité des précipitations dans l'espace et d'année en année [...] [ou] de décade en décade[60] ».

Selon Iliffe, la région de l'Afrique de l'Ouest, plus précisément entre les années 300 et 1100, bénéficia de pluies relativement abondantes. La vallée du Niger était prospère et le niveau du lac Tchad élevé. Les quatre siècles suivants virent le retour de la sécheresse. De 1500 à 1630, les pluies étaient de nouveau abondantes, la famine était peu présente et le lac Tchad retrouva son niveau. Puis, les conditions climatiques de la région se dégradèrent plus durablement :

> [E]n 1639-1643, les mauvaises récoltes de la vallée du Niger, qui provoquèrent la mise à sac par les habitants de Djenné des entrepôts de leur souverain, annoncèrent deux siècles d'une aridité exceptionnelle. Les crises les plus graves se produisirent dans les années 1680, quand la famine s'étendit de la côte sénégambienne au cours supérieur du Nil : « Beaucoup se vendirent comme esclaves, dans le seul but de survivre. » Ce fut aussi le cas en 1738-1756, quand l'Afrique occidentale connut sa plus dramatique crise de subsistance, provoquée par la sécheresse et les criquets : on dit qu'elle tua la moitié de la population de Tombouctou[61].

Au Cap-Vert, toujours selon Iliffe, trois famines sur lesquelles on dispose de la documentation frappèrent le pays, entre 1773

60. Meir, *op. cit.*, p. 216.
61. Iliffe, *op. cit.*, pp. 138-139.

et 1866, tuant chacune 40 % de la population. Mais Iliffe ajoute que des famines d'une telle intensité étaient rares[62].

La sécheresse de 1913-1914 dans le Sahel et en Éthiopie fut, par ses effets, exceptionnelle. En s'appuyant sur les témoignages des anciens, J.C. Caldwel avance que ses effets sur la mortalité furent bien plus grands que ceux de la sécheresse des années 1970[63]. Dans les années 1990, dans le Sahel, les populations se souvenaient encore de cette grande sécheresse du début du siècle et de la famine qu'elle provoqua comme la pire catastrophe d'une telle ampleur dont on puisse se rappeler[64]. À propos de l'entrée de l'Afrique dans la Première Guerre mondiale, Marc Michel parle à juste titre de « débuts de guerre dramatiques » pour les colonies africaines qu'annonçait la « grande famine » de 1914-1915[65].

1.2. En Éthiopie

Pour l'Éthiopie, Charles A. Wood note que :

> Le nombre de sécheresses documentées dans les derniers 200 ans suggère que sept sécheresses par siècle peuvent être attendues en Éthiopie. Des sécheresses extrêmement destructrices, telles celles [...] [des années]

62. *Ibid.*, p. 139.
63. J. C. Caldwel, "Demographic Aspects of Drought : an Examination of the African Drought of 1970-74", in David Dalby, R.J. Harrisson Church and Fatima Bezzaz, *Drought in Africa 2. Sécheresse en Afrique 2* (edited by), London, International African Institute, 1977, p. 93.
64. Meier, *op. cit.*, p. 213.
65. Marc Michel, *Les Africains et la Grande Guerre. L'appel à l'Afrique (1914-1918)*, Paris, Karthala, 2003, p. 131. Lire spécialement le chapitre 8, « Des débuts de guerre dramatiques : la « grande famine » (1914-1915).

> 1973-5, 1957, 1913, 1888-92, 1560-2 et 1543-4 se produisent en moyenne deux fois par siècle si on se base sur ces statistiques incomplètes. Ainsi, *les sécheresses sont un élément commun de la vie éthiopienne*[66] [...][67].

Dans la chronologie établie par Wood, on peut s'arrêter sur la famine de 1888-92 tant elle sort de l'ordinaire par ses effets :

> Celle-ci était la plus dévastatrice famine enregistrée en Éthiopie et [elle] a affecté à peu près tout le continent. La période entière était chaude et sèche, et les effets des sécheresses étaient amplifiés par une épidémie catastrophique de peste bovine (qui tua 90 % du bétail) et [par] des invasions de sauterelles, de chenilles et de rats. Suicides et cannibalisme firent leur apparition, et des animaux sauvages attaquèrent des gens. Il est estimé qu'un tiers de la population du pays avait péri[68].

1.3. En Afrique orientale

Le climat de cette région qui comprend l'Ouganda, le Kenya et la Tanzanie devint moins humide après l'an mille, selon Iliffe, avec de longues périodes d'aridité dont témoigne la faiblesse des crues du Nil[69]. S.J.K. Baker cite T. Trewartha qui, dans son ouvrage *The Earth's Problem Climates*, qualifie l'Afrique orien-

66. C'est nous qui soulignons.
67. Charles A. Wood, "A Preliminary Chronology of Ethiopian Droughts", in David Dalby, R.J. Harrisson Church and Fatima Bezzaz, *Drought in Africa 2. Sécheresse en Afrique 2* (edited by), London, International African Institute, 1977, p. 74.
68. *Ibid.*, p. 71.
69. Iliffe, *op. cit.*, p. 227.

tale de région «indubitablement la plus impressive anomalie climatique de toute l'Afrique[70]». Plus loin, Wood poursuit:

> Des territoires majeurs de l'Est africain sont sujets à des sécheresses permanentes ou saisonnières à cause de leur faible niveau de précipitations; et l'instabilité des précipitations. [...] [dans le temps et l'espace], accentue le facteur sécheresse dans l'environnement[71].

Cependant, en Afrique orientale, des inondations désastreuses succèdent souvent aux sécheresses:

> Les inondations, écrit Baker, représentent donc l'envers de la sécheresse dans un seul, quoique complexe, phénomène d'instabilité des précipitations[72].

Baker indique que les religions traditionnelles de cette région connaissaient bien cette «complémentarité», disons cette succession de sécheresses et d'inondations. Aux prises avec la sécheresse, les individus invoquaient Dieu de leur envoyer la pluie qui soulage de la sécheresse, sans pour autant que cette pluie ne devienne un déluge.

1.4. En Afrique centrale et australe

L'Afrique centrale et l'Afrique australe ont connu elles aussi des périodes de sécheresse, avec leur lot de malheurs. Pour

70. T. Trewartha, cite par S.J.K. Baker, "A Background to the Study of Drought in East Africa", in David Dalby, R.J. Harrisson Church and Fatima Bezzaz, *Drought in Africa 2. Sécheresse en Afrique 2* (edited by), London, International African Institute, 1977, p. 74.
71. *Ibid.*, p. 76.
72. *Ibid.*

l'Afrique australe, R. M. Mupawose rappelle que «[l]es observations répétées des 100 dernières années suggèrent que des sécheresses intenses et récurrentes sont un phénomène commun dans toute la région... [73]». Le territoire occupé par l'Angola est historiquement connu pour avoir été souvent visité par des sécheresses et des famines, comme le rappelle Catherine Coquery-Vidrovitch :

> [...] ainsi l'aire centro-occidentale aujourd'hui occupée par l'Angola, zone de sols fragiles et de forte instabilité pluviométrique où, si les sécheresses brèves sont trop fréquentes pour être significatives, de grandes sécheresses interviennent presque chaque décennie, et des sécheresses de longue durée (jusqu'à sept ans et davantage) environ une fois par siècle. On a inventorié quelque 170 mentions de sécheresses ou d'épidémies (qui en sont d'ordinaire le corollaire entre 1550 et 1830)[74].

Sur l'Angola, on peut voir avec Iliffe les proportions que pouvaient prendre certaines famines, en terme de mortalité :

> Des archives portugaises du XVIe siècle, écrit Iliffe, montrent que l'Angola connaissait une grande famine en moyenne tous les soixante-dix ans, avec son cortège d'épidémies qui pouvaient tuer jusqu'à un tiers ou la moitié de la population, anéantissant la croissance démographique sur toute une génération [...][75]

73. R. M. Mupawose, "Pattern and Impact of Drought in the SADCC Countries", in INTERNATIONAL DEVELOPMENT RESEARCH CENTRE, *Symposium on Drought in Africa. Proceedings and Summary Report of a Symposium held in Ottawa, Canada, on 12-14 August 1985. Manuscript Report*, Ottawa, IDRC, December 1985, p. 27.
74. Catherine Coquery-Vidrovitch, *Afrique noire. Permanences et ruptures*, Paris, L'Harmattan, 1993, p. 18.
75. Iliffe, *op. cit.*, p. 138.

Pour sa part, toujours au sujet de l'Angola, Mike Davis s'arrête sur la sécheresse des années 1870 qui est restée dans les annales :

> Le littoral de l'Angola est connu pour le caractère aléatoire de ses précipitations, en particulier dans la région écologiquement instable de Luanda, mais la sécheresse commencée en 1876 s'avéra exceptionnelle tant par sa durée, puisqu'elle persista jusqu'au début des années 1880, que par son ampleur, étant donné qu'elle affecta des populations aussi éloignées de la côte que les habitants des hautes terres de la province de Huila. «La majorité des habitants de ce pays ressemblent à des momies plus qu'à des êtres humains», se lamentait un médecin militaire de Luanda en 1876[76].

Les désastres naturels que nous venons de voir à travers ce bref tour d'horizon ont certainement été meurtriers ; ils sont l'un des facteurs explicatifs de la stagnation de la démographie subsaharienne dans la période en cause. Cependant, au point suivant, nous accorderons davantage d'importance au fait que les conséquences de ces désastres naturels ont souvent été aggravées par l'interférence de l'action humaine.

76. Mike Davis, *Génocides tropicaux. Catastrophes naturelles et famines coloniales (1870-1900). Aux origines du sous-développement*, trad. de l'anglais (États-Unis) par Marc Saint-Upéry, Paris, La Découverte/ Poche, 2006, p. 114.

2. La nécessité d'une approche novatrice dans la compréhension des effets des désastres naturels en Afrique

Recenser les catastrophes naturelles survenues en Afrique subsaharienne depuis quatre ou cinq siècles, avec chaque fois le nombre de victimes, ne nous apporte qu'une compréhension partielle des effets de ces désastres. Nous avons besoin d'une approche renouvelée, capable de nous apprendre davantage sur la manière dont les calamités naturelles s'imbriquent avec l'histoire *activement créée* des hommes et des femmes du milieu où elles surviennent. L'approche qu'il nous faut adopter est celle de l'interaction des désastres naturels avec l'action humaine.

Dans les trois dernières décennies, un petit nombre de travaux portant sur les désastres naturels en Afrique n'ont cessé de souligner la nécessité de prendre en compte le facteur humain dans la compréhension des conséquences de ces drames. Dans un travail antérieur portant sur les sécheresses et les épidémies dans le Soudan à l'époque précoloniale, l'historienne Astrid Meier avance l'idée qui consiste à considérer les individus vivant des désastres naturels non pas comme de simples victimes, mais comme des acteurs. Ceux-ci, par leur pouvoir décisionnel, ont activement contribué à façonner les manières dont ils ont été affectés avant, pendant et après la crise[77].

77. Astrid Meier, «Natural Disaster? Droughts and Epidemics in Pre-colonial Sudanic Africa», in *The Medieval History Journal*, 10, 1&2 (2007): p. 212.

Ainsi, pour comprendre les effets des désastres naturels dans le Soudan précolonial (plus largement dans le Sahel), Meier rappelle qu'ils sont une part intégrante de l'histoire sociale, politique et économique de nouveaux États qui se créaient dans cette partie d'Afrique à la suite de l'effondrement des empires Shonghai, Ghana, Mali et Kanem-Bornu dès le XVIe siècle. Ces nouveaux États, dont certains occupaient de minuscules territoires, étaient en état de guerre constante. L'auteur veut ainsi attirer l'attention sur le fait que les désastres naturels de l'ère précoloniale dans le Sahel se déroulaient dans un contexte historique spécial, fait d'instabilités surtout au plan politique. À ce contexte que Meier situe entre 1500 et 1900 s'ajoutent d'autres événements de grande importance : les traites des esclaves (la traite atlantique et la traite par le Sahara) ainsi que les mouvements *djihadistes* africains qui cherchaient à créer des États islamiques.

Ainsi, – c'est notre interprétation – les personnages à la tête de ces nouvelles entités politiques vont-ils devenir des acteurs clés de la vie politique, sociale et économique mouvementée de cette époque. Pour faire la guerre, ils ont besoin d'armes et pour avoir ces dernières, ils ont besoin de capturer des esclaves à échanger contre des armes. Ces personnages s'enferment ainsi dans un cercle vicieux où plus de guerres et de razzias permettent d'avoir plus d'esclaves et donc plus d'armes alors que plus d'armes permet de mener plus de guerres et de capturer plus d'esclaves. Ces faits, il faut en tenir compte quand vient le temps d'interpréter les effets des désastres naturels africains de l'ère précoloniale. En d'autres termes, les désastres naturels de cette époque s'insèrent dans une trame de vie particulière, chargée, et avec laquelle ils vont interférer. Cette trame de vie relève de l'action humaine :

> Pour le XIXe siècle à tout le moins, écrit Meier, la plupart des famines connues peuvent être situées dans un contexte de violence et de guerre, même si la sécheresse a souvent joué un rôle décisif dans la naissance du processus[78].

Meier note que parallèlement à ces évolutions politiques, la région en cause vivait, depuis le XVIIe siècle, une détérioration de sa situation climatique :

> [...] ces développements politiques ont coïncidé avec un changement des conditions climatiques, qui ont évolué vers une aridité croissante[79].

La même idée est reprise plus loin :

> L'histoire des nouvelles formations politiques était intrinsèquement liée au changement des conditions écologiques de cette période[80].

L'approche novatrice ainsi décrite nous est d'une grande utilité dans le développement du présent chapitre et nous y ferons souvent référence. C'est le prisme à travers lequel nous allons tenter de comprendre la place des désastres naturels dans l'explication du ralentissement démographique subsaharien qui est l'objet de cet ouvrage.

---

78. *Ibid.*, p. 224.
79. *Ibid.*, p. 215.
80. *Ibid.*, p. 223.

Pourquoi est-il important de tenir compte du contexte social, politique et économique dans l'étude des effets des désastres naturels de l'Afrique précoloniale ? Pour y répondre, Meier introduit la notion de résilience : les populations du Sahel de l'époque précoloniale avaient développé des aptitudes leur permettant de surmonter ces situations stressantes qu'étaient les risques climatiques ; ils avaient développé des mécanismes d'adaptation à ces situations. Là est la notion de « résilience », un concept bien connu en psychologie. Donc, pour Meier, le problème n'est pas tant la venue de désastres naturels. Les habitants du Sahel savaient, par expérience, que la venue de désastres naturels dans leur région était inéluctable ; il y a longtemps qu'ils avaient appris à vivre avec ces aléas, non par résignation, mais en développant des mécanismes de survie pendant la crise. Tel n'était plus le cas lorsque les désastres naturels se déroulaient dans un contexte de guerre :

> La recherche récente, écrit l'auteur, suggère la conclusion selon laquelle les systèmes alimentaires soudanais semblaient plutôt résilients face aux aléas climatiques, mais plus vulnérables lorsqu'ils étaient confrontés à la guerre et à d'autres formes de violence[81].

En résumé, l'idée de l'auteur est de montrer que si les effets des désastres naturels au Sahel à l'époque précoloniale prenaient des proportions dramatiques, c'est dans la mesure où ils interféraient avec des formes données de violence. D'où le titre de son travail en forme de question : « Des désastres naturels ? ».

81. *Ibid.*, p. 224-225.

D'autres auteurs étudiant les conséquences des aléas climatiques en Afrique subsaharienne ont adopté une approche et un point de vue similaires. Charles Becker, par exemple, est arrivé à une conclusion qui conforte l'approche que nous mettons en lumière. Il invite à reconnaître que :

> [...] les thèmes de la «sécheresse», de la «famine», de la «disette» ou des «calamités naturelles» (inondation ou invasion de sauterelles) sont presque toujours liés à ceux de la «guerre», des «pillages», du «commerce des esclaves»[82] .

Et, dans la chronologie des calamités frappant la Sénégambie aux XVIIe et XVIIIe siècles qu'établit Becker[83], on voit justement comment les désastres naturels se combinent aux évènements dus à l'action humaine. Nous ferons largement appel au document de Becker tout au long de ce chapitre. Pour l'heure, continuons à évoquer les travaux qui s'inscrivent dans l'approche décrite.

Dans une contribution datant de 1977 portant sur les effets de la grande sécheresse des années 1970, Leonard Berry,

82. Charles Becker, «Notes sur les Conditions Écologiques en Sénégambie aux 17e et 18e siècles», dans *African Economic History*, n° 14 (1985), p. 171.
83. Becker établit cette chronologie à partir des sources françaises. Ce sont des écrits rédigés par des Français impliqués dans la traite atlantique en Sénégambie. L'intérêt des auteurs de ces écrits pour les questions écologiques était secondaire. En fait, ils ne s'y intéressaient que dans la mesure où les risques climatiques avaient des impacts sur leur commerce.

David J. Campbell et Ingemar Emker[84] fournissent un autre exemple montrant l'interférence des effets des désastres naturels avec l'action humaine. Revisitant l'histoire d'une partie du Sahel depuis 100 ans, les auteurs suggèrent que la sévérité des effets de la sécheresse alors en cours était une conséquence du rejet des pratiques sociales et économiques traditionnelles dans la foulée de la colonisation de la région par les Français à la fin du XIXe siècle[85]. Sans jamais utiliser le mot résilience, les auteurs ne pensent pas moins que dans la période d'avant la colonisation, les populations du Sahel étaient résilientes face aux risques climatiques :

> Avant la colonisation française du Niger dans les 15 premières années du XXe siècle, écrivent les auteurs, les principales sociétés du Sahel, les nomades – par exemple les Touaregs – les cultivateurs – par exemple les Haussa – et les éleveurs – par exemple les Fulani – ont développé des systèmes sociaux, économiques, politiques et d'utilisation de la terre qui leur permirent de survivre dans les contraintes imposées par l'environnement de la région[86].

Plus loin, les auteurs reprennent la même idée :

> Ainsi, avant l'intervention du colonisateur français, les trois groupes majeurs de la région avaient développé des interactions sociales complexes, autant dans qu'entre les

84. Leonard Berry, David J. Campbell and Ingemar Emker, "Trends in Man-Land Interaction in the West African Sahel", in David Dalby, R.J. Harrisson Church and Fatima Bezzaz, *Drought in Africa 2. Sécheresse en Afrique 2* (edited by), London, International African Institute, 1977, pp. 83-91.
85. *Ibid.*, p. 83.
86. *Ibid.*, p. 84.

> groupes, qui ont facilité leur survie dans les contraintes du régime climatique sahélien[87].

À tout prendre, le problème n'était plus tant les désastres naturels. Ceux-ci avaient toujours été là. Malgré leur imprévisibilité, les gens savaient qu'ils finiraient par arriver et ils avaient appris à vivre dans ces conditions. Ainsi, confrontés si souvent et depuis si longtemps aux désastres naturels, les individus ont appris à développer des mécanismes pour survivre. Est-ce un hasard si le mode de vie nomade est davantage répandu chez les peuples éleveurs des régions où justement les caprices du climat sont plus fréquents ? Il a existé et il existe encore aujourd'hui à travers l'Afrique subsaharienne des centaines de ces mécanismes suggérés par la culture des lieux pour composer avec les caprices du climat, comme on peut le lire de la main de S.J.K. Baker au sujet de l'Afrique de l'Est :

> Les réponses traditionnelles à la probabilité de sécheresse incluaient la possession d'un vaste et varié territoire d'élevage, dans lequel par un ingénieux mouvement les effets pernicieux de la sécheresse pourraient être évités ; ceci est demeuré dans une certaine mesure vrai pour les Masaï jusqu'aujourd'hui[88].

Ces « réponses traditionnelles », on les retrouvait au Buganda, au Rwanda et au Burundi, ces pays connaissant souvent des famines :

87. *Ibid.*, p. 85.
88. S.J.K.Baker, *op. cit.*, p. 78.

> On veillait, écrit l'historien Iliffe, à prendre certaines précautions pour en minimiser le risque : exploitation d'environnements multiples, récoltes diversifiées et résistant à la sécheresse, hybridation, entrepôts à grains, bétail servant de réserve en cas de disette, entretien de relations sociales qu'on mobilisait à l'occasion d'une crise[89].

Connaissant la rigueur de l'environnement physique dans lequel ils devaient vivre, sachant que les aléas climatiques étaient une donnée présente dans leurs vies, les populations du Sahel avaient accumulé des savoirs, développé des aptitudes et mis sur pied des mécanismes de survie pendant la crise. La colonisation française introduisit une rupture qui désorganisa les modes traditionnels savamment élaborés de gestion des aléas climatiques. Les effets des désastres naturels ont donc été plus dramatiques pour ces populations. La vraie catastrophe dans ce cas fut la colonisation française ; elle ne fut donc pas naturelle mais humaine.

Évoquons longuement un dernier exemple illustrant la manière dont l'action humaine arrive à aggraver les effets des désastres naturels. Il est fourni par les Iks étudiés par l'anthropologue Colin M. Turnbull à la fin des années 1960[90]. Les Iks étaient un peuple de montagnes au Nord de l'Ouganda, aux frontières du Soudan et du Kenya. Vivant dans une région aride[91] et au climat imprévisible, les Iks avaient développé, dans leur lointain passé, un mode de vie adapté

89. Iliffe, *op. cit.*, p. 227.
90. Voir à ce sujet : Colin M. Turnbull, *Un peuple de fauves*, trad. de l'américain par Claude Elsen, Paris, Stock, 1973.
91. En fait, la région est située aux abords du Sahara.

aux contraintes d'un environnement rigoureux où les sécheresses et la famine étaient le lot. Ils étaient des chasseurs nomades. Que pouvait leur offrir un tel mode de vie ? Quel(s) avantage(s) comportait-il au plan pratique ? Tout d'abord, le chasseur est conscient de ses propres limites face au monde qui l'entoure. Il a renoncé au rêve – impossible à réaliser – de dominer la nature. Il apprend à ne pas penser au lendemain et à ne pas s'embarrasser de « possessions encombrantes[92] » ; il s'assure de « trouver sa substance au jour le jour, dans un monde qu'il connaît mieux que personne[93] ». Pour pouvoir vivre dans un environnement difficile, dès lors qu'il a renoncé à l'illusion de dominer la nature, le chasseur nomade se fait le devoir de connaître à fond cette nature, persuadé qu'il est du fait que l'environnement le plus austère est encore assez riche pour nourrir quiconque prend le temps de le connaître. La connaissance de la nature, voilà le secret du chasseur nomade ik ; voilà ce qui lui permit de vivre là où la vie était presque impossible :

> Cette partie de l'Afrique orientale, bordant le Sahara, écrit Turnbull, n'est en rien luxuriante et elle est difficile à traverser, avec ses profonds ravins rocheux. Mais pour ceux qui la connaissent aussi bien que les Iks, il y a toujours suffisamment à manger, à condition de pouvoir s'y déplacer[94].

Plutôt que de se considérer en dehors de la nature, les chasseurs pensent qu'ils en font partie. Au lieu de vouloir dominer cette nature, ils préfèrent prendre le temps de la connaître et

92. Turnbull, *op. cit.*, p. 140.
93. *Ibid.*, p. 19.
94. *Ibid.*, p. 22.

cette connaissance leur permet de composer avec les effets d'une écologie difficile :

> Les Iks, poursuit Turnbull plus loin, comme tous les chasseurs, devaient avoir fait partie de ce monde naturel au même titre que les montagnes, les vents, la pluie, les fruits qu'ils cueillaient et même le gibier qu'ils chassaient. Où qu'ils allassent, en ces temps-là, il y avait de la beauté, car, comme Didigwari (Dieu) le leur avait dit, ils auraient toujours de quoi manger[95].

L'environnement physique, pourtant un des plus rigoureux, n'est guère une menace pour les chasseurs qui bien au contraire s'y sentent en confiance. Ne faisant plus qu'un avec l'environnement, les chasseurs sont assurés de trouver dans celui-ci les moyens nécessaires à la vie :

> Pour une société de chasseurs aussi fluide, écrit Turnbull, l'environnement est invariablement l'élément central qui lie les individus aux autres et leur donne un sentiment d'identité commune ; c'est le pivot autour duquel tourne leur vie. L'environnement fournit tout ce qui est nécessaire, nourriture, abri, vêtements, et souvent on lui attribue une sorte d'existence spirituelle[96].

Tout allait donc bien pour les Iks ; ils avaient trouvé une sorte d'équilibre qui rendait la vie possible même dans un environnement des plus austères. Les Iks existaient alors en tant que société, celle-ci imposant un ordre social et des valeurs. La famille avait alors un sens et l'amour entre les individus devait

95. *Ibid.*, p. 249.
96. *Ibid.*, p. 24.

régner : « Chez [...] [les Iks], poursuit Turnbull, on apprend à un enfant à considérer tout adulte vivant dans le même camp comme un parent et tout compagnon de son âge comme un frère ou une sœur[97]. » Tout indique donc que les Iks d'alors formaient une société « normale » à l'instar des autres sociétés africaines de l'époque ou même de celles d'aujourd'hui. Turnbull le dit plus loin :

> Il n'est pas déraisonnable de supposer que les Iks ressemblaient beaucoup à n'importe quelle autre société humaine par la façon dont ils étaient attachés à [...] [leurs] valeurs et que, très probablement, ils étaient plus fidèles à leurs convictions que nous ne le sommes devenus nous-mêmes[98].

Puis arriva la catastrophe. Celle-ci ne fut pas naturelle, loin de là. La pire catastrophe qui arriva aux Iks relève de l'action et donc de la volonté humaine. Aux premières années de la décolonisation de l'Ouganda, les nouvelles autorités décidèrent d'expulser les Iks de leur territoire, afin que celui-ci serve à abriter le tout nouveau parc national de Kidepo. On interdit aux Iks de chasser et on les obligea à se sédentariser et à cultiver la terre. Le résultat a été plutôt un désastre social : au bout d'une génération, les Iks perdirent tout de l'élémentaire notion d'humanité. En une génération, on assista à la dégénérescence de la société ik dont les membres, poussés par l'instinct de survie, développèrent des comportements des plus antisociaux. L'humain devint tout simplement

97. *Ibid.*
98. *Ibid.*, pp. 276-277.

un loup pour l'humain et la société ik se transforma en une « société de fauves ».

Dans un contexte de famine grave et généralisée, nourrir les enfants et les personnes âgées se révéla un luxe chez les Iks. Du coup, on prit l'habitude de les laisser mourir, sans état d'âme. L'homme qui braconnait se dépêchait de manger seul la viande et de vendre la partie restante de peur d'avoir à la partager avec sa femme et ses enfants. Pire, des jeunes filles poussées par l'instinct de survie cherchaient quelqu'un à qui se vendre.

En forçant les Iks à abandonner leur mode de vie traditionnel, c'est le lien même qui les attachait à l'environnement qui fut coupé. Les Iks et la nature cessèrent de former un seul corps. Tout se passa comme s'ils devenaient étrangers l'un vis-à-vis de l'autre. La nature austère qui jadis nourrissait généreusement les Iks disparut de leurs vies. Le résultat fut une aggravation de la famine comme ils ne l'avaient jamais expérimenté auparavant. La nourriture tellement rare devint le centre de tout, au-dessus de tout :

> Dans cette étrange société, écrit Turnbull, qui semble avoir dépassé Karl Marx en matière d'économie politique, il n'y a qu'une valeur à laquelle tous les Iks soient attachés : la nourriture, *ngag*. Ils le disent clairement eux-mêmes dans leurs conversations quotidiennes et le montrent par leur comportement. C'est le seul critère qui leur permette de mesurer le bien et le mal[99].

99. *Ibid.*, p. 126.

Dans ce contexte, la mère dont l'enfant mourait était ravie, de même que l'était le fils dont le vieux père mourait. Les enfants et les personnes âgées qui sont, en temps normal, les êtres les plus précieux et les plus choyés des sociétés africaines, devinrent chez les Iks des personnes en trop qui devaient mourir dans une indifférence quasi totale. La famille perdit son sens; les valeurs se pervertirent et la vie de tous les jours fut jalonnée de scènes qu'on ne peut même pas imaginer dans la pire fiction sur la vie sociale en Afrique:

> Au cours de la seconde année de sécheresse, observe encore Turnbull, il était courant de voir les très jeunes ouvrir de force la bouche des très vieux pour en retirer la nourriture que ceux-ci n'avaient pas encore eu le temps d'avaler, comme je les avais vus faire avec Adupa[100].

L'exemple ik, bien qu'extrême, montre bien comment l'action et la volonté humaines peuvent aggraver la famine et ses conséquences sur le plan social. Tout indique que jamais auparavant les effets de la famine n'avaient atteint de telles proportions chez les Iks. Alors que dans leur longue histoire les Iks avaient développé des mécanismes d'adaptation à leur environnement austère, la décision du gouvernement de modifier leur mode de vie eut raison de ces mécanismes. Le résultat fut non seulement un accroissement de la vulnérabilité des Iks face à la famine et à la mort, mais surtout un terrible naufrage social.

Fort de cette grille d'analyse, nous allons illustrer, à l'aide d'exemples concrets, la manière dont l'action et la volonté

100. *Ibid.*, p. 251.

humaines se combinent aux désastres naturels dont elles exacerbent les conséquences.

3. Les effets combinés des désastres naturels et de l'action humaine

Nous venons de voir qu'entre les XVIe et XXe siècles, l'Afrique subsaharienne a connu des conditions climatiques plutôt difficiles, où les sécheresses, les inondations et les invasions de criquets ont été fréquentes, provoquant famines par endroits et hécatombes par moments. De telles conditions ont certainement eu un impact négatif sur la démographie africaine dans la période considérée. Ainsi, sommes-nous amené à avancer que les calamités naturelles survenues en Afrique subsaharienne entre les XVIe et XXe siècles ont joué un rôle dans la stagnation démographique de cette région pour la période à l'étude.

Cependant, le schéma qui va de « désastres naturels » à la « mortalité » doit être complexifié pour y faire place à l'action humaine. En effet, quelle qu'ait été l'ampleur des catastrophes climatiques, leurs conséquences ont chaque fois été amplifiées par des faits relevant de l'action et de la volonté humaines. À leur tour, ces effets amplifiés ont affaibli les organismes humains, les rendant alors plus vulnérables aux maladies anciennes et nouvelles, dont nous parlerons au point suivant. Ce sont ces maladies qui ont mené à l'hécatombe.

Figure 1. Amplification des effets des calamités naturelles par l'action humaine

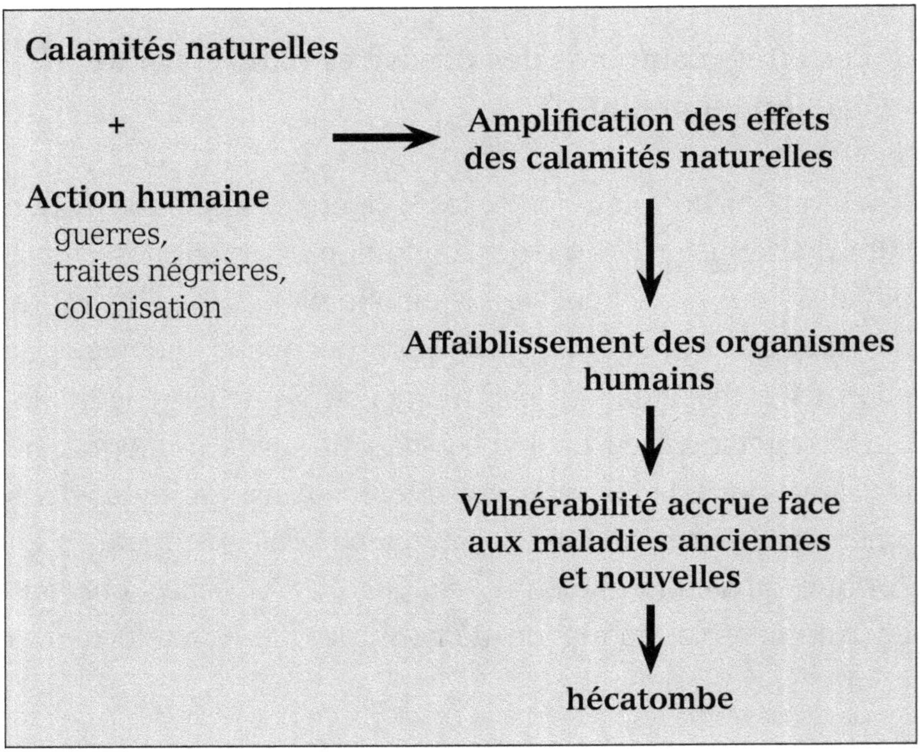

Nous voulons insister sur le rôle et la place de l'action humaine dans ce schéma. Ce ne sont pas les calamités naturelles qui menaient directement à l'hécatombe dans la région à l'étude. Sauf dans de rares cas, entre les calamités naturelles et la mort des masses se trouve la médiation de l'action humaine. Ce ne sont donc pas les désastres naturels qui sont en cause. En aggravant les effets des désastres naturels, l'action humaine rendait inopérantes les solutions traditionnelles savamment élaborées de prévention et de gestion des crises[101].

101. Voir le point deux du présent chapitre.

Afin de mettre en évidence le rôle de l'action humaine dans le schéma ci-dessus, puisons quelques exemples dans le cas de la Sénégambie d'après les «Notes sur les Conditions Écologiques en Sénégambie aux 17e et 18e Siècles» de Charles Becker[102]. L'intérêt de ces notes est qu'elles nous fournissent des dizaines d'exemples où on voit des faits historiques liés au contexte politique, économique et social interagir avec des faits écologiques. Dans ces notes, nous allons relever quelques documents susceptibles de nous donner un aperçu de cet aspect du problème.

Les notes de Becker sont à la fois une analyse critique et une chronologie. Intéressons-nous à cette dernière. Becker a établi sa chronologie sur la base de documents coloniaux rares gardés aux Archives Nationales de France. Ces documents souffrent de plusieurs insuffisances que l'auteur souligne. Pour l'essentiel, notons que ce sont des documents rédigés par des trafiquants européens qui ne s'intéressaient aux conditions climatiques que lorsque celles-ci perturbaient leurs activités: «Le caractère très lacunaire des sources disponibles ne saurait être caché: ils renseignent presque tous sur l'incidence des calamités sur la traite[103].» Il ne faut donc pas s'attendre à ce que l'information livrée par ces documents soit exhaustive sur les aléas climatiques en Sénégambie. Malgré leurs limites, on peut se réjouir par ailleurs de la disponibilité de ces notes et de leur contenu. Disons que c'est toujours une chance d'avoir une source écrite qui nous renseigne sur quelque pan de l'histoire africaine au-delà de la mémoire d'homme. On peut

102. Nous avons déjà fait allusion à ces notes ici même.
103. Becker, *op. cit.*, p. 172.

donc exploiter judicieusement les informations contenues dans les documents et apprendre non seulement sur les aléas climatiques mais aussi sur la vie politique, économique et sociale en Sénégambie de cette époque.

À la lecture, une première chose frappe les esprits: au fil des années, les calamités naturelles s'entrecroisent avec des guerres quasi permanentes. Ces guerres peuvent être civiles, mais elles peuvent aussi opposer des royaumes à l'intérieur de la Sénégambie. Enfin, les invasions étrangères ne sont pas rares, notamment par les Maures et les Marocains. Ainsi, on se rend compte que les famines et les disettes que l'on voit défiler dans le temps, pour être provoquées par les calamités naturelles (sécheresses, inondations, invasions de sauterelles) n'en sont pas moins aggravées par les guerres. À dire vrai, on peut être tenté de penser que le véritable problème était d'abord ces guerres-là.

Si les guerres se déroulaient en même temps que les calamités naturelles, ce fait est à peine une partie de l'histoire. En effet, au cours de la période couverte par les notes de Becker ont lieu également la traite atlantique et la traite vers le monde arabo-musulman, la seconde ayant précédé de longtemps la première. Ainsi, pour se faire une idée plus ou moins juste des impacts de l'écologie sur la démographie sénégambienne aux XVIIe et XVIIIe siècles, on ne peut faire l'impasse de ce contexte social et politique pour le moins agité. Dans les faits, il est difficile, voire impossible d'isoler les effets des calamités naturelles de faits relevant de l'action humaine. Voyons ci-après, à l'aide de quelques documents faisant partie des

Notes, comment les guerres pouvaient provoquer ou aggraver la famine et le lien complexe que la traite atlantique entretint avec la famine en Sénégambie.

3.1. Guerres et famines en Sénégambie

Dans la période couverte par les notes, la Sénégambie est en proie à des agitations sur le plan politique. Dans les anciens royaumes, la succession pouvait donner lieu à d'interminables guerres civiles. Aux XVIIIe et XIXe siècles, en pleine révolution islamique, des individus puissants mènent des guerres de conquête, comme nous le verrons dans le chapitre 4 de l'ouvrage, en vue de créer des nouveaux empires à eux. Cette agitation va s'étendre au XIXe siècle, coïncidant ainsi avec les expansions coloniales française et britannique dans la région. Ces expansions se traduisent dans les faits tout d'abord en guerres de conquête, guerres auxquelles des Africains répondent par la résistance armée. Toute cette agitation ne pouvait pas manquer d'influencer la condition alimentaire.

Citant Chambonneau dans le mémoire consacré à la « guerre des marabouts », Becker mentionne des famines en 1674 et 1676 qui auraient eu pour cause les guerres. Voici ce qu'il écrit des disettes de ces années à St-Louis et ailleurs :

> En effet, les disettes, correspondant à un défaut d'approvisionnement des comptoirs européens, sont ici causées par les guerres, sans qu'on indique si les récoltes étaient satisfaisantes ou médiocres dans les divers pays. Mais en 1676, la famine due aux mauvaises récoltes, est

> consécutive aux guerres et aux ravages causés par les soldats[104].

La décennie 1720 a ceci de particulier qu'elle est celle des invasions par les Marocains, invasions qui ravagent les pays, sèment la désolation, la famine et la mort :

> À partir de 1719, écrit Becker, les troupes de « Marocains », nommés « Ormans » ou « Salétins » dans les textes français, dévastent et pillent les divers royaumes du fleuve Sénégal. De nombreux textes évoquent ces expéditions dont les conséquences furent désastreuses pour les populations de la vallée [...]. C'est surtout de 1719 à 1724 que les pillages des Ormans se multiplièrent, et que commence la « mainmise maure sur les affaires du pays » [...]. Les documents français insistent sur les perturbations du commerce, mais ne s'intéressent guère aux disettes et aux famines qui accompagnent les guerres[105].

Dans une lettre de 1724, Dubellay fait mention des ravages du Fuuta par les « Marocains » :

> Le paÿs des Foules est presque désert, et les Marroquins y sont actuellement pour déposer Le Roy, et en mettre un autre qui lui payera la coutume, ainsi ce paÿs est ruiné...[106]

104. *Ibid.*, pp. 173-174.
105. *Ibid.*, p. 175.
106. *Ibid.*, p. 176.

Dans une autre lettre, Dubellay évoque la famine extrême qui sévit alors dans ce pays et qui n'est pas sans lien avec l'invasion par les « Marocains » :

> La famine générale [...] regne en ce pays au point de reduire les trois quarts des Negres à manger de la terre et des racines nommées sarmottes ...[107]

Le Futa n'a pas été le seul pays concerné par les invasions des Ormans. Le pays de Galam en fut également victime, comme on peut le lire dans l'extrait ci-après d'une lettre de Lebegue du 7.3. 1731 :

> Il y a quatre jours que les Ormans (Marocains) sont tombés dans le pays de Galam et ont pris quantité de nègres captifs, pillé tout le mil et les bestiaux et bruslé les villages, ce qui va causer une grande disette de vivres dans le pays, ceux qui ont pu se sauver se sont venu refugier dans le fort[108].

En 1729, Bucard faisait mention dans ses relations des malheurs du pays de Galam :

> Les Cassons firent une nouvelle incursion, pillèrent et brulerent le pays du Seratic Macan le reduisirent lui et son monde a une disette affreuse, et en auroient fait autant a Siratic Thomané s'ils n'eussent apprehendé le Canon du fort de Saint Jacques de Falbanna[109].

107. *Ibid.*, p. 177.
108. *Ibid.*, p. 179.
109. *Ibid.*, p. 179.

Outre les invasions étrangères, les différents pays de la Sénégambie ont également souffert de violences internes. Des guerres intestines y étaient omniprésentes, causant disettes et famines. En 1726, Plumet s'inquiétait de la disette provoquée par les guerres au Kajoor, au Waalo et au Fuuta :

> Le pays de Foules, de Oual et de Cayor ont esté depuis si lontemps affligez par les guerres continuelles qu'il faut deux ou trois années de tranquillité pour y faire revenir l'abondance comme auparavant...[110]

Le Kajoor, un royaume d'abondance et de prospérité était souvent réduit à la misère et à la famine à cause de guerres intestines. Voici un extrait du Mémoire d'Estoupan de la Brue du 28.8.1755 :

> Ce paÿs tel que je le représente n'a d'autre commerce avec nous que celuy du Mill et des Captifs ; les Bestiaux y étaient assez abondants pendant le Regne de Damel Maeiyssa, mort en 1749. Les guerres continuelles que sa succession a causées, et une famine de quatre ans les ont presqu'entierement detruits ; il faudra quelque temps pour les retablir[111].

Le document d' Estoupan de la Brue parle d'une famine de quatre ans, mais ne nous dit pas si elle a été causée par la sécheresse, par des inondations ou par une invasion de sauterelles. En revanche, ce qui est clair, c'est le fait que durant cette famine de quatre ans, il y avait la guerre civile qui a aggravé la situation.

110. *Ibid.*, p. 178.
111. *Ibid.*, p. 185.

La situation déplorable du Kajoor marquée par l'omniprésence de guerres entraînant disettes et famines est confirmée par les données des traditions orales qu'on trouve dans les *Notes* de Becker. L'auteur y rapporte la chronique de T. L. Fall faisant allusion aux difficultés connues par le Kajoor entre 1683 et 1697 :

> [D]urant plus de quinze ans, le Kayor avait été ravagé par des guerres intestines. Le peuple souffrait beaucoup et n'avait pas la possibilité de cultiver[112].

Une mention mérite d'être faite des années 1747/54, où on connaîtra sept années de vaches maigres, sur fond de guerres :

> À partir de 1747, écrit Becker, on assiste à une succession de mauvaises saisons jusqu'en 1754. Les textes, qui insistent toujours sur les problèmes d'approvisionnement, évoquent les disettes et les famines, ainsi que les guerres qui en aggravent les conséquences[113].

À certaines occasions, la famine résultait des interférences entre la guerre et une invasion de sauterelles, comme on peut le lire dans le document suivant de A. Brue datant de 1716 :

> La bonne intelligence dans laquelle je vis avec tous les Roys Negres dans Les Royaumes desquels est la Concession, malgré leur avidité et les guerres qu'ils ont entr'eux m'a toujours facilité mes traites, mais nous avons beaucoup souffert de la famine causée par les guerres et les sauterelles…[114]

112. *Ibid.*, p. 198.
113. *Ibid.*, p. 184.
114. *Ibid.*, p. 175.

3.2. Guerres, famine et traite des Noirs en Sénégambie

Ici, une double relation est en jeu. La première relation est celle entre la famine et la traite des Noirs, relation où la première alimente la seconde.

3.2.1. Relation entre famine et traite des Noirs

En effet, lorsque sévissait la famine, il n'était pas rare que ci et là, des individus s'offrent d'eux-mêmes aux trafiquants d'esclaves ou que des individus vendent leurs proches :

> En 1606, P. VAN DEN BROECKE signale une invasion de sauterelles rouges à Portudal, et note que « cette année, les temps furent tellement durs que les parents durent vendre leurs enfants pour subvenir à leurs besoins et subsister ». À propos de cette famine sans doute, l'auteur rapporte « qu'il acheta personnellement (pour la revendre à des négriers portugais ?) « une jolie petite fille, âgée d'une dizaine d'années, pour la valeur de 130 livres de riz » et que divers parents vinrent lui proposer « la virginité de leurs enfants, âgés de 7 à 8 ans, pour quelques poignées de riz ». ». Dans un texte postérieur, il signale également cette famine due aux sauterelles, où il a vu « plusieurs enfants vendus par leurs parents, chacun pour une mesure de mil qui ne dépassait pas le contenu d'un chapeau » ...[115]

Dans la lettre du Conseil du Sénégal du 11.7. 1754, visiblement les Français ont beaucoup de mal à cacher la joie que leur procure une belle traite, conséquence de la famine :

115. *Ibid.*, p. 172.

> Jamais le Senegal n'en avoit produit un si grand nombre (de captifs); la famine qui regne dans tous les environs nous a produit cette belle traite, la recolte du gros mil l'a ralentie. Ce que nous avions prevu est arrivé, les Royaumes du Cayor et de Yolof sont venus enlever tout le mill que l'on recueille dans ce tems cy le long de notre riviere[116].

Par ailleurs, à certaines occasions, la famine se révélait être un obstacle au bon déroulement du commerce des esclaves :

> Dans une lettre-rapport du 1er avril 1732, écrit Becker, Boucard signale les problèmes du commerce en Galam, dus aux guerres. Le comptoir français ne survit que grâce aux vivres fournis par les Maures. D'une manière générale, Boucard note que les vivres sont très rares, depuis près de trois ans. De ce fait, il est difficile de garder les esclaves, car le mil est trop rare[117].

L'extrait suivant de la lettre du Conseil supérieur du Sénégal du 20.06.1753 montre clairement que la disette et la famine peuvent constituer un frein au développement du commerce des Noirs :

> La misère du paÿs a rendu le Roy Bracq notre voisin et tous les gens du paÿs d'Ouäl plus importuns et la crainte de nous brouiller avec luy nous a rendu plus faciles, jamais la concession n'avait vu une famine si générale, elle s'étend depuis le Buisseau jusques en Galam et nous avons toute la peine du monde a trouver la subsistance de près de 600 captifs[118].

116. *Ibid.*, p. 187.
117. *Ibid.*, p. 179.
118. *Ibid.*, p. 186.

Plusieurs lettres de 1753, selon Becker, font mention d'une famine grave qui gênait alors les activités de la traite des esclaves à St-Louis où 164 captifs étaient morts dans l'année et à Gorée[119].

3.2.2. Relation entre guerres et traite des Noirs

Le second rapport étudié dans ce point concerne le lien entre les guerres et la traite des Noirs. Les guerres alimentaient le commerce des Noirs, dans la mesure où elles constituaient une belle opportunité de faire des captifs à vendre comme esclaves. De ce point de vue, on peut surtout déplorer l'attitude des dirigeants à la tête des royaumes qui passaient pour de véritables bandits. Ils ont contribué largement à ces famines récurrentes qui frappaient la Sénégambie tout comme ils prirent une part active à la traite négrière. En 1754, la guerre civile débutait au Kajoor, en pleine saison agricole. Becker en évoque la raison :

> Le roi détrôné, écrit-il, veut détruire son pays qu'il n'a pas pu garder. Les Français espèrent que cette guerre fournira des esclaves, mais regrettent ces troubles, car le Kajoor est « le grenier de tous les environs »[120].

Selon un document de 1753, le roi du Kajoor a vendu 400 captifs au cours de l'année, se faisant payer exclusivement en armes[121]. Et un mémoire sur le Sénégal rédigé vers 1758 dresse un portrait peu flatteur des monarques du Kajoor :

119. *Ibid.*, p. 186.
120. *Ibid.*, p. 188.
121. *Ibid.*, p. 186.

> Les Rois de ce pays sont des brigands qui ne vivent que de pillage et par ce moyen détruisent de fond en comble dans l'esprit de la nation tout le goût qu'elle pourroit avoir pour la culture de ses terres[122].

Si, comme nous venons de le voir, les guerres alimentaient effectivement la traite des esclaves, la famine provoquée par ces mêmes guerres faisait mourir les esclaves à l'entrepôt humain de Gorée. Cette situation plaçait les trafiquants français dans l'embarras ; ils ne savaient pas toujours sur quel pied danser : souhaiter plus de guerres pour réaliser une bonne traite ou souhaiter la paix et avoir l'assurance de pouvoir nourrir les esclaves de Gorée tout en réalisant une moins bonne traite ? C'est ce qu'on peut lire dans une lettre du Conseil du Sénégal du 20.10.1754 :

> Le païs de Cayor vient d'essuyer des secousses dont il se ressentira longtemps. Le Roy reignant a été chassé par son neveu et son concurrent, et s'est rétabli un mois après par les secours de Brack. Il en a coûté peu de sang mais beaucoup de ravage dans le païs et ce qu'il y a de plus facheux la destruction d'une partie de graines qui promettoient cette année une recolte abondante. Ces guerres produiront apparemment beaucoup de captifs, mais Gorée ne sortira pas de la misère et nous serons encore obligés de fournir ce département des bœufs pour la subsistance[123].

122. *Ibid.*, p. 191.
123. *Ibid.*, p. 188.

4. Des maladies anciennes et de nouvelles

Les famines dues aux aléas climatiques et aggravées par l'homme, nous l'avons vu, ont eu un impact négatif sur la mortalité africaine. Elles ont fait le lit des épidémies qui alors se propageaient plus facilement dans une population affaiblie[124]. Dans l'Afrique des siècles à l'étude, les maladies étaient répandues, même si beaucoup de ces dernières étaient davantage chroniques que fatales – du fait d'une longue adaptation des parasites à leurs hôtes[125]. Les maladies anciennes étaient globalement moins meurtrières que ne le furent les maladies nouvelles issues de la rencontre de l'Afrique avec les autres mondes. En ce qui concerne les maladies anciennes, trois parmi les plus citées méritent d'être évoquées : le paludisme, la maladie du sommeil ainsi que les maladies vénériennes.

4.1. Des maladies anciennes

Le paludisme. Selon Coquery-Vidrovitch, le paludisme est « probablement la plus ancienne et la plus durable » des grandes endémies africaines[126]. La forme connue en Afrique équatoriale est plus violente que la forme rencontrée en Afrique occidentale qui se caractérise surtout « par une mor-

124. Voir à ce sujet Meier, op. cit., pp. 220-221 ; voir aussi Coquery-Vidrovitch, *Afrique noire. Permanences et ruptures*, op. cit., p. 27 ; on peut lire également Marc Michel, *op. cit.*, p. 139.
125. Iliffe, *op. cit.*, p. 136.
126. Coquery-Vidrovitch, « Les populations africaines du passé », in Dominique Tabutin, *Population et sociétés en Afrique au sud du Sahara* (sous la direction de), Paris, Éditions L'Harmattan, 1988, p. 60.

bidité élevée, qui bien entendu n'était pas sans conséquences sur la mortalité [...][127] ».

On peut considérer *grosso modo* que la mortalité infantile demeura élevée en Afrique subsaharienne du fait de cette maladie. Iliffe avance que la malaria «était sans doute la plus mortelle, surtout chez les nouveau-nés, sauf dans les régions les moins torrides et les plus sèches...[128]» Plus loin, Iliffe toujours indique que d'après un calcul des premiers médecins de la colonisation, la malaria tuait un enfant sur cinq sur les rives nord du lac Nyassa[129]. L'ampleur de la situation poussa le roi du Bunyoro à poser la question suivante à son premier interlocuteur blanc: «Existe-t-il une médecine pour les enfants ou pour les femmes qui empêcherait les bébés de mourir après les naissances?[130]»

La maladie du sommeil. La présence de la maladie du sommeil en Afrique est attestée depuis le XVIe siècle. Si la maladie du sommeil est ancienne en Afrique, en revanche, la pénétration européenne sur le continent lui permit une grande expansion, du fait du trafic négrier, de la conquête coloniale et des défrichements[131]. Coquery-Vidrovitch retrace cette expansion depuis le XIXe siècle. L'Afrique orientale est la première région touchée dans la seconde moitié du XIXe siècle. La région des grands lacs dans son ensemble subit alors «un

127. *Ibid.*, pp. 61-62.
128. Iliffe, p. 136.
129. Ibid., p. 229.
130. Le roi du Bunyoro, cité dans Iliffe, *ibid.*, p. 231.
131. Coquery-Vidrovitch, «Les populations africaines du passé», *op. cit.*, p. 62.

véritable cataclysme démographique et écologique[132] ». Au tournant du XXe siècle, la maladie atteignit le bassin du Congo, tuant jusqu'à la moitié de la population dans certaines régions ou provoquant la désertion dans d'autres. La maladie gagna le Cameroun et dans les années 1920 elle atteignit la haute Côte d'Ivoire (Haute-Volta)[133].

Les maladies vénériennes. Ces maladies étaient surtout connues en Afrique centrale où elles furent à l'origine de la stérilité des femmes, contribuant ainsi au sous-peuplement de la région que les colonisateurs européens n'ont pas manqué de relever. Nous ignorons quand ces maladies d'origine étrangère ont fait leur entrée sur le continent africain, quoique John Iliffe indique que la syphilis vénérienne pénétra la région au XVIe siècle[134]. Coquery-Vidrovitch avance que les premières infections ont été introduites par les commerçants arabes, bien avant l'arrivée des Européens[135]. Cependant, l'auteur note que « la flambée des maladies a correspondu d'abord à l'intensification de la traite, atlantique à l'Ouest, arabe au Centre et à l'Est. Puis, sous la colonisation, travail forcé et déplacements des populations ont fait le reste[136] ». Enfin, relève encore l'auteur, les mobilisés de guerre ont eux aussi joué un rôle dans la dissémination des maladies vénériennes.

132. *Ibid.*
133. *Ibid.*
134. Iliffe, *op. cit.*, p. 136.
135. Coquery-Vidrovitch, *op. cit.*, p. 63.
136. *Ibid.*

D'autres maladies, à ranger dans la catégorie des «maladies anciennes» ont existé. Citons entre autres les parasites intestinaux, l'anémie falciforme, le pian, la syphilis endémique (moins aiguë que la syphilis vénérienne), la lèpre. Comme l'indiquait Iliffe, ces maladies étaient surtout chroniques.

4.2. Des maladies nouvelles

Les maladies nouvelles renvoient à celles ayant fait leur apparition très tard sur le continent et qui, pour l'essentiel, sont nées du contact de l'Afrique avec les Européens. Les principales sont : la variole, la grippe espagnole, le cholera, la tuberculose et la peste bovine.

La variole. Alors qu'une forme plutôt bénigne de la variole devait exister en Afrique de l'Ouest, en revanche, selon Iliffe, les Européens «semblent y avoir introduit une forme beaucoup plus virulente, qui dévasta le continent entre les XVIe et XVIIIe siècles[137]». Toujours selon Iliffe, les régions équatoriales étaient les moins résistantes à la variole et celle-ci fut signalée au Kongo et en Angola en 1560. Mais c'est entre 1625 et 1628 que les deux régions subirent une épidémie de grande ampleur, épidémie qui fut suivie par d'autres, plus récurrentes, jusqu'au début du XXe siècle[138]. La variole fut signalée également ailleurs dans d'autres régions, et ce, de façon récurrente. Le golfe du Bénin fut frappé par plusieurs épidémies dès le XVIIe siècle.

137. Iliffe, *op. cit.*, p. 278.
138. *Ibid.*, pp. 278-279.

Pour sa part, Coquery-Vidrovitch suit la progression de la maladie aux XVIIIe et XIXe siècles[139]. Elle la voit sévir d'abord sur les côtes, notamment au Cap où durant le XVIIIe siècle on signale trois épidémies (1713, 1755 et 1767). Puis, la maladie est signalée en Afrique orientale à la fin du XVIIIe siècle. Six épidémies de très grande ampleur frappèrent l'Éthiopie au début du XIXe siècle, «avec une mortalité de l'ordre de 50 % chez les enfants et de 80 % chez les adultes». Enfin, à la fin du XIXe siècle, la variole atteint de façon endémique le Tanganyika intérieur, y provoquant une mortalité variant de 50 à 70 %[140].

Si la mortalité due à la variole a été effectivement élevée en Afrique subsaharienne, alors, conclut Iliffe, «la maladie a dû fortement entamer la croissance démographique rendue possible par les nouvelles plantes américaines[141]»

La grippe espagnole. Cette épidémie d'une grande virulence n'épargna aucune région sur le continent africain. La maladie qui sévit en pleine Première Guerre mondiale partit d'Europe et se répandit sur le continent par le biais des démobilisés de la Grande Guerre. David Van Reybrouck[142] a rencontré il y a à peine quelques années des gens au Congo qui se souvenaient encore de la «fièvre espagnole» tant la maladie fit des ravages. Coquery-Vidrovitch décrit les effets

139. Coquery-Vidrovitch, «Les populations africaines du passé», *op. cit.*, p. 63.
140. *Ibid.*
141. Iliffe, *op. cit.*, p. 279.
142. David Van Reybrouck est l'auteur de *Congo. Une histoire*, trad. du néerlandais (Belgique) par Isabelle Rosselin, Paris, Actes Sud, 2012, 711 p.

de la grippe espagnole qui pénétra partout sur le continent, d'abord entre août et novembre 1918, puis en mars-avril 1919 :

> En Afrique occidentale, on peut estimer la morbidité à plus de 50 % et la mortalité entre 3 et 4 %, frappant surtout les jeunes adultes et les femmes enceintes. Au total, près de 2 millions d'individus au moins moururent en Afrique noire, soit une moyenne d'ensemble de plus de 1.5 %[143].

Le choléra. Dans *Africa in the Time of Cholera*[144], Myron Echenberg reconstruit l'historique de la pandémie depuis 1817. Le point de départ de la première pandémie documentée est le Delta du Gange où elle prend naissance en 1817. L'auteur passe au crible sept pandémies dont quelques-unes vont frapper l'Afrique. Si les militaires britanniques engagés en Asie et les échanges commerciaux constituent les premiers vecteurs de la propagation du choléra à travers le monde, les pèlerinages à la Mecque joueront eux aussi un grand rôle.

Lors de la quatrième pandémie (1863-1879), la pire pandémie pour l'Afrique[145], l'infection traversa le Sahara, provoquant de « terribles épidémies » en Sénégambie. Mais c'est surtout en Afrique orientale que l'infection fit le plus de ravages. Pour l'ensemble de l'Afrique orientale et des îles de l'Océan indien, on estime que la quatrième pandémie provoqua la mort de plusieurs centaines de milliers de personnes. À

143. Coquery-Vidrovitch, « Les populations africaines du passé », *op. cit.*, p. 65.
144. Myron Echenberg, *Africa in the Time of Cholera. A History of Pandemics from 1817 to the Present*, New York, Cambridge University Press, 2011, 214 p.
145. *Ibid.*, pp. 23-24.

Zanzibar, elle fit 70 000 victimes en 1869 et 1870, sur une population totale estimée à 300 000 à 400 000 personnes, faisant du taux de mortalité de zanzibar l'un des pires reportés[146].

La liste de maladies nouvelles présentée ici n'est certainement pas exhaustive. Iliffe pense qu'il est probable que les Européens aient introduit la tuberculose en Afrique[147]. On peut également évoquer la peste qui sévit en Afrique au début du XXe siècle ou encore la peste bovine d'origine européenne qui se répandit à travers l'Afrique au début du XXe siècle, décimant par endroits jusqu'à 90 % du cheptel[148].

Toutes ces épidémies que nous évoquons brièvement ne sont pas dissociables des effets des désastres naturels dont il a été question au point précédent. Les famines, est-il besoin de le rappeler, provoquées par l'écologie africaine et aggravées par l'homme ont affaibli les organismes humains, les rendant ainsi plus vulnérables aux maladies. Celles-ci, on peut s'en douter, n'ont pas manqué d'avoir des impacts négatifs sur la démographie africaine dans la période à l'étude.

En terminant, rappelons que l'objectif de ce chapitre était de voir dans quelle mesure l'écologie de l'Afrique subsaharienne contribue elle aussi à expliquer le ralentissement démographique qui y est observé au cours de la période qui nous préoccupe, à savoir entre le XVIIIe siècle et la fin de la Première Guerre mondiale. Un tour d'horizon région par région nous

146. *Ibid.*, p. 24 et pp. 57-58.
147. Iliffe, *op. cit.*, p. 230.
148. Coquery-Vidrovitch, « Les populations africaines du passé », *op. cit.*, p. 64.

a permis de reconnaître que les conditions climatiques de l'Afrique subsaharienne étaient particulièrement hostiles à la vie. Nous avons vu les aléas climatiques récurrents – sécheresses, inondations – ainsi que les invasions de sauterelles auxquelles il faut ajouter des maladies anciennes et des épidémies nouvelles. De telles conditions ne pouvaient pas ne pas affecter la croissance démographique africaine. Ces forces de mort, pour reprendre l'expression de Catherine Coquery-Vidrovitch, ont donc certainement contribué à ralentir la croissance démographique subsaharienne dans la période à l'étude. Cependant, nous avons insisté sur le fait que les effets des aléas climatiques ont été souvent aggravés par l'action et la volonté humaines. Ainsi, nous disons que pour la période en cause, l'écologie de l'Afrique subsaharienne a joué un rôle dans son ralentissement démographique dans la mesure où les guerres et les traites négrières alors en cours ont amplifié les effets des désastres naturels, ce qui a eu comme conséquence la vulnérabilité accrue aux maladies anciennes et aux épidémies, ouvrant la voie à l'hécatombe.

Le recours aux *Notes* de Becker sur les conditions écologiques en Sénégambie a rendu justice à l'approche adoptée dans ce chapitre. Nous avons vu dans le cas de la Sénégambie que l'action humaine se combinait aux aléas climatiques, aggravant les impacts négatifs de ces derniers sur les populations.

Dans notre usage des *Notes* de Becker, nous avons fait le choix de ne retenir que les faits politiques. Ce faisant, nous avons peut-être donné une vue biaisée au lecteur qui dès lors aurait été empêché de voir que les *Notes* font aussi référence aux aléas climatiques comme cause des famines. Redisons tout simplement que les *Notes* de Becker portent bel et bien sur les conditions écologiques en Sénégambie. Cependant, à la lecture, il demeure vrai – et de façon frappante – que les faits relevant de la volonté et de l'action humaines ont contribué à causer les graves famines et la longue misère dont souffrirent les populations de la Sénégambie. Becker conclut sur les causes de ces famines par une hypothèse générale que nous ne pouvons que partager :

> L'analyse des traditions, qui sont confirmées selon nous par les sources écrites, met en évidence des mutations profondes liées à l'existence de la traite, une modification dans la composition et les rapports des divers groupes sociaux, une redéfinition du pouvoir politique, ainsi que l'apparition de problèmes économiques nouveaux qui résultent en grande partie des guerres et des pillages du XVIIIe siècle. Les multiples disettes et famines de cette époque sont parfois le résultat des aléas climatiques ou de catastrophes naturelles (invasions de sauterelles) qui ont perturbé la production pendant certaines années. Cependant les textes soulignent également que les effets de ces phénomènes ont été largement augmentés par les guerres qui, par ailleurs, ont été à l'origine de fréquentes dévastations des cultures, qui ont pu empêcher les paysans de se livrer aux travaux agricoles et qui ont de ce fait constitué un facteur de disette et de famine. Enfin les pillages commis par les *ceddo* et les razzias entreprises lors des récoltes contre les villages paysans ou contre les royaumes voisins ont toujours fait supporter principalement au paysannat les effets de la disette[149].

149. *Ibid.*, p. 205.

Chapitre 3

La traite des Noirs et la démographie subsaharienne

> Nombre de nos sujets désirent ardemment les marchandises portugaises, que vos gens apportent dans notre royaume. Pour satisfaire cet appétit désordonné, ceux-ci s'emparent de nombre de nos sujets noirs [...] Ils les vendent aux Blancs... Cette corruption et cette dépravation sont si répandues que notre terre s'en trouve entièrement dépeuplée... C'est en fait notre désir que cet endroit ne serve ni au commerce ni au transit des esclaves.
>
> *Afonso 1er, roi du Kongo, correspondance au roi du Portugal*[150]

> La lutte pour accroître le nombre d'hommes avait été jusque-là le principal trait de l'histoire africaine; aussi l'aspect le plus important de la traite réside-t-il dans son impact démographique.
>
> *John Iliffe*[151]

Dans le premier chapitre de cet ouvrage, nous avons vu que la chute du poids démographique relatif de l'Afrique subsaharienne se situe dans une période de temps qui va du début du XVIIIe siècle à la fin de la Première Guerre mondiale. Que

150. Afonso Ier, cité par Iliffe, *op. cit.*, pp. 262-263.
151. John Iliffe, *Les Africains. Histoire d'un continent*, trad. de l'anglais par Jean-Paul Mourlon, Paris, Flammarion, 1997, p. 275.

s'est-il passé au cours de cette période ? En dehors de l'écologie africaine dont il a été question précédemment, deux évènements historiques majeurs de l'histoire africaine survenus au cours de cette période sont susceptibles d'expliquer le phénomène en cause. Il s'agit premièrement de la traite négrière atlantique qui débute au XVIe siècle et se poursuivra jusqu'au XIXe siècle. Or, bien avant la traite atlantique, il en existait une autre, dont on a parlé peu, et qui destinait les esclaves noirs au monde arabo-musulman pour l'essentiel. Dans ce chapitre, nous tiendrons compte de cette traite en direction du monde arabo-musulman, d'autant plus qu'elle s'est poursuivie bien au-delà de la fin de la traite atlantique. Le présent chapitre se consacre entièrement à ce premier évènement dont il veut discuter les conséquences possibles sur la démographie subsaharienne.

Le deuxième évènement susceptible d'affecter la croissance démographique africaine dans la période retenue est la colonisation de l'Afrique par les puissances européennes à partir de la seconde moitié du XIXe siècle, c'est-à-dire peu après que ces mêmes puissances aient décidé d'abolir la traite des Noirs. Soulevant au passage la question du lien problématique entre la traite des esclaves et la colonisation de l'Afrique, nous chercherons surtout à comprendre comment et dans quelle mesure la colonisation de l'Afrique, du moins dans sa première phase, a pu affecter la démographie africaine. Ce deuxième thème sera l'objet du chapitre suivant.

1. **Traite ou traites des Noirs?**

À la fin du chapitre trois du tome I de son livre *Afrique noire. Histoire et Civilisations*, chapitre consacré à la traite des Africains, Elikia M'Bokolo avertit qu'il convient de parler «des traites négrières» plutôt que de «la traite négrière»[152]. La raison, il l'avance d'entrée de jeu: «C'est évidemment à tort qu'on ramène la traite des Africains à la seule traite atlantique faite par les Européens[153].» Et l'historien de démontrer que la traite des Africains fut pratiquée aussi par des acteurs non européens, pour d'autres destinations. Il faut en prendre note, car en Europe, on commence à entendre s'élever des voix qui, à l'instar de l'historien George Mazenot, sont agacées par le fait que l'Europe seule a trop longtemps été montrée du doigt dans ce dossier:

> On connaissait pourtant l'existence d'autres courants de traite, vers d'autres destinations, se plaint Mazenot, mais on n'y prêtait guère attention, comme si la traite négrière ne méritait d'être étudiée que dans la mesure où les pays occidentaux étaient concernés. L'eurocentrisme a été tellement critiqué qu'on a du mal à comprendre pourquoi, sur un tel sujet, il a été à ce point difficile d'admettre que la traite atlantique n'était pas le seul élément constitutif du dossier de l'esclavage et de la traite des Noirs: il y a eu un «avant» et un «après»...[154]

152. Elikia M'Bokolo, *Afrique noire. Histoire et Civilisations*, tome I, Paris, Hatier, 1995, p. 254.
153. *Ibid.*, p. 165.
154. George Mazenot, *Sur le passé de l'Afrique noire*, Paris, L'Harmattan, 2005, p. 125; voir aussi p. 132.

À la lumière des travaux de quelques historiens qui, entre autres, ont apporté davantage d'éclairage sur cette question, aujourd'hui on peut difficilement aborder le sujet de la traite des Noirs en faisant l'impasse sur la traite non atlantique. Pour avoir un regard satisfaisant sur le commerce des Noirs dans l'histoire, il ne faut pas le réduire à un seul de ses volets, on courrait alors le risque d'une lecture et d'une compréhension partielles et partiales du phénomène. Mais adopter une telle position intellectuelle ne revient pas, tant s'en faut, à prôner un relativisme béat. Disons clairement les choses afin de dissiper les éventuels malentendus : chaque traite des Noirs est unique et, face à l'histoire aucune traite n'a vocation d'en disculper une autre.

Ainsi, dans ce point où nous analysons les effets de la traite des Noirs sur la démographie subsaharienne, nous distinguerons : la traite en direction du monde arabo-musulman et la traite atlantique[155].

155. Un tel découpage est discutable, il faut en convenir, car il y a eu davantage de destinations que les deux présentées ici. Dans cet ouvrage, nous faisons le choix de nous limiter aux deux plus importantes destinations au regard des effectifs en cause. Pour un tour complet des traites négrières selon les destinations, on peut lire avec profit les pages que M'Bokolo consacre au commerce des Noirs dans le livre déjà cité. Regardant au-delà de la traite atlantique, l'auteur s'est efforcé, en dépit des difficultés liées à la rareté de sources, d'explorer le plus de directions prises par la traite des Noirs dans l'histoire. Nous ferons largement appel à son travail dans le traitement du présent point.

2. La traite vers le monde arabo-musulman

Dans la période pré-islamique, des courants de traite entre l'Afrique noire et l'Arabie avaient existé, courants qui, selon M'Bokolo, étaient à double sens[156]. Mais devant l'absence de sources, on ne connaîtra jamais ni la durée exacte ni le volume du trafic présumé. Pour sa part, Mazenot remonte à l'Antiquité égyptienne d'où parviennent des témoignages de l'esclavage des Noirs[157]. Cependant, indique l'auteur, les Égyptiens d'alors, qui de longue date avaient recours à la main d'œuvre servile, «ne semblent pas en avoir fait commerce, ni en les vendant, pas davantage en les achetant puisqu'ils s'approvisionnaient eux-mêmes chez les voisins du Haut-Nil et de Libye : il n'y avait pas d'intermédiaires, et seule prévalait la loi du vainqueur sur le vaincu»[158]. Lors des campagnes en Nubie, par exemple, les troupes de Pharaon ramenaient des prisonniers de guerres, y compris des femmes et des enfants capturés[159] qui, dès lors, étaient réduits à la condition servile.

Dans l'ère islamique, contrairement à la période d'avant, des sources existent, qui rendent compte du trafic des Noirs en faveur du monde arabo-musulman. Ainsi, dans l'Arabie du prophète Muhammad, la présence des esclaves noirs est attestée par de nombreuses sources arabes. Des esclaves noirs figurent au nombre des premiers convertis du prophète. C'est le cas notamment de Bilal ibn Rabah, courageux soldat aux

156. M'Bokolo, *op. cit.*, p. 167.
157. Mazenot, *op. cit.*, p. 130.
158. Ibid., p. 131.
159. *Ibid.*, p. 130.

côtés du prophète dont il deviendra le muezzin[160]. C'est le cas également d'Abu Bakra, qui choisit de rejoindre le camp du prophète au cours du siège d'Al-Taif par Muhammad et ses combattants. Affranchi par le prophète, Abu Bakra jouera un rôle majeur dans la transmission des hadiths[161].

Au-delà de cette présence emblématique évoquée, l'expansion de l'islam va créer des besoins – pensons par exemple à la fonction militaire ou à la fonction d'eunuque – qui se traduiront par une forte demande en esclaves. Ces besoins en expansion dans le monde musulman vont stimuler le commerce des Noirs et leur exportation, notamment au Moyen-Orient. Ainsi, dans les premiers siècles de l'islam, chaque grande ville du Moyen-Orient aura son marché d'esclaves. M'Bokolo identifie trois axes du commerce des esclaves africains dans les premiers siècles de l'islam : tout d'abord, l'axe reliant le « pays des Zandj[162] » à la péninsule arabique. Entre les VIIe et Xe siècles, des populations arabes d'Oman notamment, fuyant les persécutions religieuses, immigrent sur la côte orientale africaine où elles vont fonder la plupart des villes. C'est à partir de ces villes côtières que ces peuples organiseront le commerce des Noirs.

160. Muezzin : dans l'islam, personnage qui du haut de l'un des minarets de la mosquée appelle les fidèles aux cinq prières quotidiennes.
161. Hadith : recueil de paroles et actes du prophète Muhammad et de ses compagnons.
162. Zandj ou Zendj, ce mot d'origine arabe à connotation péjorative et méprisante était utilisé par les Arabes pour désigner les Noirs dans les premiers siècles de l'islam. On retrouve ce mot dans le toponyme Zanzibar (*Zendj Bahr* ou *Bahr al-Zandj*) qui signifie « La côte des Noirs ». Le pays des Zandj désignait alors la côte orientale africaine.

À côté de ce premier axe, il en existe un autre, celui reliant l'Égypte à la Nubie. Après la conquête de l'Égypte par les combattants musulmans au VIIe siècle, ces derniers envahissent la Nubie qui se voit contrainte de conclure un traité de paix (*baqt*) avec son puissant voisin. Le *baqt* impose à la Nubie plusieurs conditions dont celle d'un quota minimal de 360 esclaves à livrer annuellement à l'Égypte :

> Vous devrez chaque année livrer à l'*Imam* (*khalife*) des musulmans 360 têtes d'esclaves à choisir parmi les esclaves de moyenne valeur dans votre pays et qui soient dépourvus d'infirmités. Cette quantité sera composée d'hommes et de femmes, ni vieux, ni vieilles, ni enfants impubères. Livraison en sera faite entre les mains du gouverneur d'Assouan[163].

La Nubie n'éprouva apparemment aucune difficulté à honorer le *baqt*, car, note M'Bokolo, « le royaume de Dongola prit soin de s'approvisionner par des raids contre les populations sans État situées à ses frontières et de se réserver une partie des esclaves ainsi capturés[164] ».

Enfin, le dernier axe plus à l'ouest reliait l'Ifriqyya[165] et le Maghreb avec le Soudan central et occidental par le biais des routes transsahariennes. À la conquête du Maghreb et de l'Ifriqyya par les Arabes, les Berbères devinrent un réservoir

163. M. Hamidullah, *Documents sur la diplomatie musulmane à l'époque du prophète et des califes orthodoxes*, cité dans M'Bokolo, op. cit., p. 172.
164. *Ibid.*
165. Ifriqyya : territoire d'Afrique du nord correspondant aux anciennes provinces romaines. Il comprend la Tunisie, l'est de l'Algérie et l'ouest de la Libye d'aujourd'hui.

d'esclaves. Subissant des ponctions de grande ampleur, les Berbères rallièrent les rangs des Ibadites[166] qui, eux, prônaient l'égalité des musulmans devant Dieu. Cependant, pour satisfaire la demande forte en esclaves autant au Maghreb qu'au Moyen-Orient, les Ibadites et leurs convertis berbères encourageront à leur tour le commerce des Noirs, qu'ils développent à travers le Sahara.

L'Égypte, disons Le Caire, joua un rôle clé dans la traite des Noirs au profit du monde arabo-musulman. Le Caire s'illustre à la fois comme débouché et comme centre de transit et de redistribution des esclaves vers le Moyen-Orient. Il est considéré à l'époque comme le plus grand marché d'esclaves noirs du monde arabo-musulman. Au Caire arrivaient les esclaves fournis par la Nubie en vertu du *baqt*. Y arrivaient également les esclaves de l'axe ouest, produits de la traite par les Ibadites et leurs convertis berbères. Les pèlerins noirs en route pour La Mecque n'étaient pas en reste : ils emportaient des esclaves qu'ils revendaient au Caire en passant. On n'a qu'à penser au célèbre pèlerinage en 1324 de Kankou Moussa, empereur du Mali. Kankou Moussa était accompagné d'esclaves dont le nombre varie entre 8700 et 14 000, selon les sources. L'empereur en avait revendu une bonne part en Égypte et

166. Ibadites : membres de l'ibadisme, un des plus anciens courants de l'islam, qui est extérieur au sunnisme et au chiisme. Fondé cinquante ans après la mort du Prophète, ce courant se centre sur des principes tels le travail et l'égalité. L'ibadisme est un courant majoritaire au sultanat d'Oman.

en Arabie, ce qui lui aurait permis d'acheter des esclaves arabes et turcs[167].

167. *Ibid.* p. 174. Joseph Ki-Zerbo avance pour sa part le nombre de 60 000 serviteurs qui auraient accompagné l'empereur Kankou Moussa au cours de son pèlerinage. Ces serviteurs transportaient à travers le désert les deux tonnes d'or avec lesquelles il « apparut au Caire aux yeux éblouissants du monde comme un seigneur d'Eldorado ». Il répandit des flots d'or sur Le Caire à tel point que longtemps après son passage les habitants de la ville se souvenaient encore de ce sultan noir si généreux. Voir Joseph Ki-Zerbo, *Histoire de l'Afrique noire. D'hier à demain*, Paris, Libraire A. Hatier, 1978, p. 135.

Carte 1. Les principaux axes de la traite vers le monde arabo-musulman

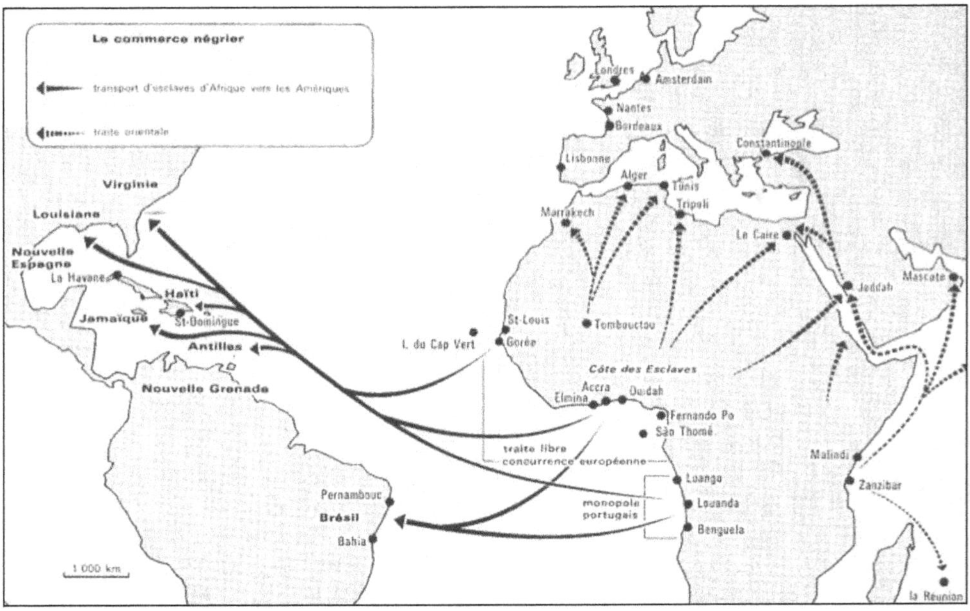

Source : adaptation de Joseph Ki-Zerbo, *Histoire de l'Afrique noire. D'hier à demain*, Paris, Hatier, 1978, p. 209.

2.1. Les usages des esclaves noirs dans le monde arabo-musulman

Avant de discuter la question des chiffres relativement à la traite arabo-musulmane, il serait intéressant d'évoquer, tant soit peu, les fonctions ou usages faits des Africains dans le monde arabo-musulman. M'Bokolo distingue trois usages principaux : le service des armes, la domesticité et l'esclavage productif.

2.1.1. **Le service des armes**

Bien avant l'islam, les Arabes connaissaient les qualités guerrières des Noirs. Lors des premières guerres qui accompagnèrent la naissance de l'islam, des Noirs combattirent tantôt contre les musulmans, tantôt avec eux.

Les esclaves noirs prirent également part aux guerres de conquête de l'islam à ses premiers siècles, comme le montre l'épisode ci-après rappelé par M'Bokolo, l'un des plus remarquables épisodes de la conquête d'Égypte. Le combat engage, d'une part, les troupes byzantines commandées par Al-Muqawqas et, de l'autre, un millier de soldats noirs combattant pour les Arabes et dirigés par Ubada ibn as-Samit, un métis de père arabe. Voici l'épisode en cause tel que M'Bokolo le rapporte :

Encadré 1. Des esclaves noirs dans la conquête d'Égypte

Lorsque Ubada ibn as-Samit monta sur le bateau pour parler à Al-Muqawqas et s'approcha de lui, Al-Muqawqas se sentit effrayé par sa noirceur [...] [:] « Retirez ce Noir de ma présence et amenez quelqu'un d'autre pour parler avec moi. »

[Les musulmans] répondirent ensemble :

« Il est le meilleur d'entre nous, le plus instruit et le plus sage. Il est notre chef, il est le plus vertueux et le plus admiré. Nous sommes attentifs à ce qu'il dit et à ses opinions. L'émir nous a donné l'ordre de lui obéir et de ne pas contredire ses opinions ou ses discours. »

[Al-Muqawqas] demanda :

« [Q]ue ressentez-vous en voyant ce Noir être le meilleur parmi vous alors qu'il devrait être le plus bas ? »

Ils répondirent :

« Pas du tout ! Même s'il est Noir (comme vous le voyez, il l'est), il est le meilleur de nous en position, en préséance, en intelligence et en sagesse. La noirceur n'est pas quelque chose que nous rejetons. »

Al-Muqawqas dit à Ubada ibn as-Samit :

« Avance, homme noir et parle-moi doucement, car j'éprouve de la frayeur devant votre noirceur ; si vous me parlez avec sévérité, cela augmentera ma frayeur. »

Ubada ibn as-Samit avança vers lui et dit :

« J'ai entendu vos propos. Parmi ceux que je commande se trouver un millier d'hommes, tous noirs, chacun d'eux plus noir que moi et encore plus hideux à regarder. Si vous les voyiez, vous éprouveriez devant eux une terrible frayeur.[168] »

168. Ibn Abd al-Hakam, cité par D. Pipes, « Black soldiers in early muslim armies », dans M'Bokolo, *op. cit.* p. 169.

Ainsi, dans le monde arabo-musulman, à partir du IXe siècle, les pouvoirs avaient acquis l'habitude d'entretenir des gardes noires pour le service de maintien de l'ordre intérieur, ce qui avait souvent pour conséquence d'exposer les combattants noirs à la haine et à la vindicte populaires :

> On retrouve les soldats noirs en Égypte, jouant un rôle variable selon les dynasties. Celui-ci fut d'abord décisif sous les Tulunides (879-905). Ahmed ibn Tulun, le fondateur de la dynastie, est crédité d'une grande armée noire, dont l'effectif varie, selon les sources, entre 24 000 et 40 000 hommes, la plupart d'origine nubienne alors que le nombre de *mamelouks* ne s'élevait qu'à 7 000 ou 24 000 [sic]. Son fils Khumarawayh se plaisait à entretenir autour de lui une « garde noire » forte d'un millier de soldats richement parés. Lorsque les *khalifes* reprirent l'Égypte en 905, la vindicte populaire se tourna contre les soldats noirs, dont les résidences furent incendiées. Le nouveau gouverneur craignant d'en faire des prisonniers, on les massacra « comme des moutons »[169].

2.1.2. La domesticité

Des esclaves noirs exportés vers le monde arabo-musulman, les femmes servaient en grande partie dans les tâches ménagères. Une famille digne de ce nom devait avoir son ou ses

169. M'Bokolo, *op. cit.*, p. 181.

esclaves affectés aux tâches domestiques. Léon l'Africain[170] que cite M'Bokolo avait noté qu'il était d'usage dans les familles de condition moyenne d'offrir une esclave noire en cadeau de noces[171].

Pour leur part, les hommes occupaient la fonction d'eunuque. Ces hommes étaient affectés à la sécurité des harems[172], des palais impériaux et des lieux saints. Pour éviter tout risque de relation coupable entre ces hommes et les femmes, leurs organes sexuels devaient être mutilés. À certains eunuques, on enlevait seulement les testicules (*khasi*), alors que d'autres, par contre, subissaient une ablation complète des organes sexuels (*madjub*). En général, la castration avait lieu en dehors des pays musulmans (Europe ibérique et Afrique noire) et concernait des hommes encore très jeunes. Sur le marché, un castré se vendait plus cher qu'un esclave ordinaire.

Au début de l'ère musulmane, les eunuques provenaient de toutes les terres conquises par l'islam. Ils étaient de ce fait à peu près de toutes les races. Très vite, les Noirs se démarquèrent du lot. Les eunuques noirs étaient recherchés, en ce qu'on

170. Léon l'Africain : né Hassan-al-Wazzan, Léon l'Africain est un voyageur, diplomate et négociateur maghrébin des XVe et XVIe siècles. Il a voyagé dans tout le Maghreb, en Égypte, en Arabie, en Afrique subsaharienne, etc. En 1518, de retour d'un pèlerinage à la Mecque, il est capturé par des Siciliens qui l'offrent en cadeau au pape Léon X. Ce dernier l'adopte, le convertit au catholicisme. Baptisé sous le nom de Jean-Léon de Médicis, il sera appelé Léon l'Africain. Vers 1530, il publie à Venise sa *Cosmographia de Affrica* (*Description de l'Afrique*), l'une des rares références sur la vie, les mœurs et les coutumes dans l'Afrique du XVIe siècle.
171. Léon l'Africain, dans M'Bokolo, *op. cit.*, p. 177.
172. Harem : appartement des femmes chez les musulmans. Le mot évoque aussi l'ensemble de femmes y vivant.

leur reconnaissait au moins une qualité qui faisait défaut aux eunuques blancs :

> Comparant, écrit M'Bokolo, dans une manie classificatoire, les qualités et les défauts respectifs des eunuques blancs et noirs à la suite de leur mutilation, le philosophe et théologien Al-Djahiz [...] estimait que les eunuques blancs, guerriers éprouvés et redoutables, entretenaient un mélange de jalousie, de haine et de cruauté à l'égard de leurs maîtres et ne rêvaient que de vengeance ; les eunuques d'Abyssinie, de Nubie et des autres parties de l'Afrique tombaient au contraire dans un état de dégradation complète qui les rendait d'autant moins dangereux[173].

Très appréciés donc, les eunuques noirs étaient également affectés à l'entretien et à la sécurité des lieux saints de l'islam telles les grandes mosquées de La Mecque, de Médine ; ils devaient également veiller à l'entretien et à la sécurité de la *kaaba*[174]. Dans les palais, c'est aux IXe et Xe siècles que les eunuques firent leur entrée en nombre. Les khalifes s'entouraient d'eunuques par milliers, avec une proportion dominante de Noirs. Les Fatimides d'Égypte (909-1171) en firent autant. On trouva des eunuques noirs à la cour ottomane et dans les cours arabes où plusieurs eurent une grande influence.

173. M'Bokolo, *op. cit.*, p. 178.
174. Kaaba : construction en forme de cube au sein de la Mosquée sacrée à la Mecque. Elle est le symbole des musulmans adorant un Dieu unique.

2.1.3. L'esclavage productif

La troisième et dernière fonction des esclaves noirs dans le monde arabo-musulman est l'esclavage productif. Partout où une économie de plantation s'est développée dans cette région, les esclaves noirs y ont été exploités de façon massive. Exactement de la même manière que les Européens le feront des siècles plus tard en Amérique. On trouvait de telles plantations en Iraq et au Maroc, notamment, là où se développèrent la production et la consommation de sucre.

Le bas-Iraq surtout, écrit M'Bokolo, réunissait «toutes les conditions favorables à une économie de grandes plantations esclavagistes[175]». Premièrement, la terre disponible y était abondante, les Arabes d'avant l'islam étant surtout commerçants et Bédouins[176]. Deuxièmement, à l'ère islamique, un des hadiths stipule que «celui qui vivifie la terre en devient propriétaire», hadith qui est alors valorisé et mis en application. Or, dans cette région de l'Iraq, un certain capital s'était déjà accumulé du fait de l'existence d'une classe d'hommes d'affaires qui dès lors pourraient investir dans des exploitations agricoles. Troisièmement, un autre facteur pouvant favoriser l'implantation d'une économie de plantation dans le bas-Iraq est la présence de Basra, port fluvial accessible aux navires de haute mer et qui totalisait entre 200 000 et 600 000 habitants aux VIIIe-IXe siècles. Enfin, dernier facteur favorable : dans tout l'Iraq, «la croissance urbaine, dont Bagdad,

175. *Ibid.*, p. 182.
176. Bédouins : peuples nomades vivant dans le désert d'Arabie, en Syrie, au Sahara et dans le Sinaï. Aujourd'hui, seuls 5 % partagent encore le mode de vie nomade.

Basra et Kufa offraient le meilleur exemple, généra de gros besoins alimentaires, tant en denrées de luxe, comme le sucre, qu'en produits de base comme le riz et l'orge[177] ». On fit effectivement appel aux esclaves noirs d'Afrique.

Combien d'esclaves noirs étaient employés dans l'économie des plantation alors en développement en Iraq? M'Bokolo ne nous le dit pas. Cependant, le potentiel et les besoins dans le bas-Iraq tels que nous venons de les décrire laissent penser à une présence probablement de grande ampleur dans le secteur. L'extrait suivant de Mazenot va dans le sens de cette intuition :

> En Irak notamment, écrit Mazenot, pour la mise en valeur des plaines fertiles du Tigre, ils procédèrent à des *importations massives*[178] d'esclaves en provenance d'Afrique orientale (Nubie, Axoum, corne de l'Afrique) : ce sont les fameux Zendji [...] Comme ils supportaient bien les tâches les plus pénibles, ils semblaient particulièrement destinés au travail de la terre ; menant une vie misérable, ils se révoltèrent une première fois en 695, sans autre résultat qu'un durcissement de leurs conditions d'existence...[179]

Les conditions de vie et de travail des esclaves noirs dans les plantations d'Irak étaient effectivement lamentables à tel point que, entre la fin du VIIe siècle et la fin du IXe siècle, les esclaves se livreront à plusieurs révoltes. M'Bokolo rapporte une de ces révoltes que nous reprenons dans l'encadré ci-après.

177. M'Bokolo,..., *op. cit.*, p. 182.
178. C'est nous qui soulignons.
179. Mazenot, *op. cit.*, pp. 134-135.

Encadré 2. Insurrection d'esclaves noirs dans les plantations de l'Irak

L'insurrection la plus grave fut cependant celle qui éclata en 869 et se prolongea jusqu'en 883 au point de devenir «le principal souci du califat» abbasside [...]. La révolte trouva son foyer dans la région des marais (*al-Batiha*) et des canaux (*maysan*) située à l'est de Basra et dans le *Huzistan*, que les conditions naturelles avaient de longue date transformée en repère [sic] de brigands et que les Zandj, habitués à y travailler érigèrent en sanctuaire imprenable. [...] Si les Zandj fournirent le gros de la troupe et le fer de lance de la révolte, [...], ils surent aussi attirer à eux d'autres opprimés; petits artisans et prolétariat urbain; déserteurs des troupes du khalife; [B] édouins et aventuriers attirés par la perspective de se livrer impunément à quelque pillage. Parmi les esclaves présentés comme «Zandj», il y eut d'ailleurs des Africains de toutes origines. Le soulèvement bénéficia aussi de plusieurs autres révoltes et dissidences qui affaiblissaient alors le khalifat, même si ces différentes insurrections furent incapables d'unir leurs forces. [...] Avec une armée forte de 80 000 à 300 000 hommes selon les auteurs, les insurgés réussirent à se rendre maîtres de plusieurs villes importantes du bas Iraq, notamment Ubulla, Ahwaz, Wasit et surtout Basra: prise le 7 septembre 871, la métropole fut pendant plusieurs jours livrée au pillage et perdit plusieurs de ses notables. Le témoignage de Al-Masudi, écrit au milieu du siècle suivant, traduit encore toute l'horreur inspirée par l'évènement. Le rétablissement de l'ordre ne fut pas moins horrible, les troupes *khalifales* prenant soin de raser Al-Muhtara (août 883) et de rechercher tous les chefs et cadres de la rébellion dont l'élimination physique prit encore deux ans (883-885). En raison des incertitudes entourant toutes les données quantitatives de cette époque, les pertes occasionnées par la révolte restent incalculables et paraissent immenses, tous les auteurs s'accordant pour proclamer que «Dieu seul le sait»[180].

180. *Ibid.*, p. 183.

Il y a tout lieu de penser que le nombre de victimes de cette révolte fut effectivement très élevé :

> [...] le nombre de victimes de la répression, écrit Mazenot, fut à la mesure des risques considérables encourus par les dirigeants abbassides. A. Provic les évalue entre 500 000 et 2 millions de personnes, fourchette très large qui donne néanmoins une indication utile sur l'importance de la population servile[181].

Les conséquences de cette révolte devaient être considérables ; l'image des Noirs dans le monde musulman de l'époque fut profondément écorchée.

2.2. La difficulté d'avancer des chiffres sur la traite en faveur du monde arabo-musulman

Il est difficile d'avancer des chiffres plus ou moins précis du nombre d'Africains subsahariens déportés vers le monde arabo-musulman entre le début de l'ère musulmane et le début du XXe siècle. La question donne parfois lieu à d'âpres débats quand elle ne tourne pas à la polémique. Rendant compte de la situation, M'Bokolo cite Raymond Mauny qui, dans son *Tableau géographique de l'Ouest africain au Moyen Âge,* avance quelques chiffres :

> Compte tenu des faibles éléments d'appréciation que nous possédons [...] il ne doit pas être exagéré, loin de là, de parler d'un minimum de 20 000 Noirs exportés annuellement vers le nord. Ce qui fait tout de même

181. Mazenot, *op. cit.* p. 135.

> 2 000 000 par siècle [...] chiffre certainement inférieur à la réalité[182].

Ce chiffre de 2 000 000 d'Africains déportés par siècle vers le monde arabo-musulman ne fait pas l'unanimité parmi les historiens. D'aucuns le jugent exagéré au regard des capacités du monde arabo-musulman d'absorber une telle masse d'individus à l'époque. D'autres estiment en revanche que le chiffre avancé par Mauny est en deçà de la réalité.

Une deuxième tentative évoquée par M'Bokolo est celle de Ralph Austen dans «The trans-saharan slave trade: a tentative census» (1979). L'intérêt de cette tentative d'Austen, selon M'Bokolo, réside dans le fait que, d'une part, elle est globale et, de l'autre, ses estimations «se fondent sur les rares données directes sur le commerce négrier et sur des extrapolations à partir de la proportion des esclaves noirs dans les pays musulmans[183]». Pour l'ensemble des exportations vers le monde arabo-musulman, le portrait est le suivant:

182. Raymond Mauny, *Tableau géographique de l'Ouest africain au Moyen Âge*, cité dans M'Bokolo, *op. cit.*, p. 175.
183. *Ibid.*, p. 176.

Tableau 2. Estimation du nombre d'esclaves noirs déportés vers le monde arabo-musulman selon la voie empruntée

Routes	Période	Moyenne annuelle	Total
Mer Rouge	650-1920	3200	4 100 000
Côte swahili	650-1920	3100	3 900 000
Sahara	650-1910	7100	9 000 000
Total	650-1900	------------	17 000 000

Source : adaptation de R. Austen, d'après les données dans Elikia M'Bokolo, *Afrique noire. Histoire et Civilisations*, 1995, p. 176.

Les estimations de Ralph Austen, en autant qu'elles se révèlent crédibles, confirment des prélèvements certes moindres que ceux avancés par Mauny (1 300 000 contre 2 000 000 par siècle), mais qui demeurent tout de même des prélèvements importants. Bien qu'étalée sur 13 siècles, l'exportation de 17 millions d'Africains subsahariens vers le monde arabo-musulman ne peut pas passer pour insignifiante, au regard de la population subsaharienne estimée à 78 millions en l'an 1500. Le fait que les individus prélevés étaient des gens dans la force de l'âge ne peut pas ne pas avoir affecté la croissance démographique des régions où étaient effectués de forts prélèvements.

À plus forte raison, en dépit de la méfiance dont les Africains faisaient l'objet dans les pays musulmans à la suite de la longue révolte en Iraq, le commerce des esclaves noirs ne s'arrêta pas, loin de là ; il avait encore un long avenir, car il se poursuivit jusqu'au XXe siècle. Les trafiquants continuaient d'apprécier les qualités guerrières des Zandji et les femmes, notamment nubiennes, faisaient toujours l'objet « d'éloges les plus flatteurs de la part des chroniqueurs arabes[184] ». Mais, poursuit Mazenot, on continua d'importer les Zandji pour d'autres raisons plus impératives : dès le XIe siècle, les Slaves d'Europe cessèrent d'être vendus aux musulmans, de même que les Turcs d'Asie centrale dès lors convertis à l'islam : « Il ne restait plus que l'Afrique comme zone d'approvisionnement en esclaves – aussi bien pour les besoins internes que pour l'exportation à longue distance car, à cette époque, on trouve des Zendji en Inde, dans les Îles de la Sonde et jusqu'en Extrême-Orient, en Chine notamment[185]. »

Au XVe siècle, alors que la traite des Noirs en direction du monde arabo-musulman se poursuivait depuis déjà de longs siècles, une autre traite des Noirs, par les Européens cette fois, et en direction de l'Amérique, se met en place. Il s'avère indispensable d'étudier cette dernière dans notre tentative de documenter les causes de la stagnation démographique de l'Afrique subsaharienne entre le XVIIIe et le début du XXe siècles.

3. **La traite atlantique**

Comparée à la traite en direction du monde arabo-musulman, la traite atlantique est un sujet qui a été largement étudié et souvent débattu. Il existe sur la question une littérature

184. Mazenot., *op. cit.*, p. 135.
185. *Ibid.* pp. 135-136.

abondante, littérature que les lecteurs auraient tout loisir de lire. Pour notre part, nous abordons la traite atlantique avec comme principale préoccupation les conséquences qu'elle aurait pu avoir sur la démographie subsaharienne. Par souci de clarté, l'exposé de la traite atlantique tenté ici prendra la forme d'une chronologie qui présente siècle après siècle les principaux évènements y relatifs, du XVe au XIXe siècles.

Redisons-le, au risque de nous répéter : dans ces pages, nous n'avons pas pour ambition d'élaborer de manière exhaustive sur la traite atlantique. Nous voulons tout simplement évoquer un certain nombre de faits qui, de loin ou de près, peuvent fournir un éclairage sur les conséquences démographiques de la traite atlantique.

3.1. XVe siècle — Rencontre de l'Europe avec l'Afrique subsaharienne et suprématie portugaise

Bien avant que l'Europe ne « découvre » l'Afrique au sud du Sahara au XVe siècle, la présence des esclaves noirs était signalée sur le sol européen. D'où provenaient-ils ? Comment ont-ils pu se rendre en Europe ? Il s'agit-là d'une conséquence de deux phénomènes que nous avons abordés au point précédent, à savoir l'expansion de l'islam à partir du VIIe siècle et la traite des Noirs par les Arabo-musulmans. Les premiers esclaves noirs introduits en Europe l'ont été du fait des Arabes.

Entre le VIIIe et le XVe siècles, l'Espagne est conquise par les musulmans. Dans les rangs de l'armée musulmane de conquête figurent des soldats noirs. L'historien M'Bokolo note que les esclaves noirs joueront ce rôle militaire jusqu'à la bataille de *Las Navas de Tolosa*, bataille au cours de laquelle les troupes chrétiennes coalisées infligèrent «une sévère défaite» aux armées musulmanes et détruisirent la «garde noire»[186]. Cependant, malgré cette défaite, les soldats noirs réussirent à se créer une solide «réputation de bravoure» auprès des princes d'Europe qui dès lors se mirent à «rêver [chacun] d'une garde noire»[187]. Georges Mazenot note pour sa part que bien avant le XVe siècle, des esclaves noirs étaient arrivés en Espagne, au Portugal, en Italie ainsi que dans le midi de la France. Mais, précise-t-il, «jusqu'à présent [...] [ces esclaves noirs] étaient achetés à des intermédiaires arabes[188]». John Iliffe abonde dans le même sens lorsqu'il observe que «depuis le milieu du XIVe siècle existait en Europe du Sud un marché [d'esclaves noirs] très actif», car, poursuit-il, « [l]a main d'œuvre [y] était rare après la Grande peste, et l'esclavage avait survécu, depuis l'empire romain, dans les activités domestiques et dans des poches d'agriculture intensive, en particulier dans la production du sucre, dont les Européens avaient appris la technique des Arabes à l'occasion des Croisades[189]».

186. M'Bokolo, *op. cit.*, pp. 200-201.
187. *Ibid.*
188. Georges Mazenot. *Sur le passé de l'Afrique noire, op. cit.*, p. 258.
189. John Iliffe. *Les Africains. Histoire d'un continent,* trad. de l'anglais par Jean-Paul Mourlon, Paris, Flammarion, 1997, *op. cit.* p. 258.

La rupture intervient au XVe siècle lorsque les Portugais, les premiers parmi les Européens, mettront le cap sur l'Afrique occidentale, cette partie « bossue » du continent qu'ils appelèrent « Guinée ». On peut se poser deux questions : quelles sont les raisons qui conduisent les Portugais à prendre d'assaut l'Afrique et pourquoi y vont-ils à ce moment-là ?

S'agissant des raisons de la « découverte » de l'Afrique par les Portugais, les historiens, lorsqu'ils les évoquent y vont souvent en ordre dispersé[190]. Chacun y va avec sa raison ou ses raisons. Cependant, tous s'entendent à peu près pour dire que les Portugais n'y allaient pas avec pour idée précise et unique le commerce des esclaves. Décrivant les premiers contacts entre Portugais et Africains, Joseph Ki-Zerbo le dit d'emblée : « Il faut souligner d'abord que la traite des Noirs n'a pas été une opération préméditée[191]. » Si nous devons procéder à une synthèse des mobiles évoqués par les auteurs que nous avons lus sur la première intrusion portugaise en Afrique noire, nous en retiendrons quatre : l'or, les épices, le sucre et, enfin, la propagation du christianisme dans un contexte de *reconquista* au sud de l'Europe. Dans les lignes qui suivent, nous nous arrêterons brièvement sur chacun des quatre facteurs afin de voir lequel ou lesquels ont pu mener à la naissance de la traite atlantique.

190. Cela quand bien même tous ont pour principale source d'information sur ces premiers moments de contact entre les Européens et l'Afrique noire le document *Chroniques de Guinée* que l'auteur Gomes Eanes de Zurara publiait en 1453.
191. Ki-Zerbo, *op. cit.*, p. 205.

3.1.1. Les raisons de la rencontre

3.1.1.1. La soif d'or

En ce XVe siècle, l'Europe a besoin d'or, de beaucoup d'or. Il lui en faut pour régler ses factures d'épices à l'Asie. Or, depuis les siècles précédents, en Europe, on savait grâce aux Arabes qui en étaient les courtiers, que cet or provenait des États noirs situés au sud de l'Afrique du Nord. Voici le propos que Ki-Zerbo attribue à Ibn Hawkal[192] au sujet de l'empire du Ghana et son or : « C'est le plus riche du monde à cause de l'or[193]. » Plus loin, Ki-Zerbo rappelle qu'au XIVe siècle, les cartes européennes (du monde) mentionnaient l'Empire du Mali, connu pour ses mines d'or, et son empereur y était désigné comme le « rex Melli », c'est-à-dire le roi des mines d'or[194]. Dans les pages précédentes, nous avons déjà évoqué le pèlerinage que l'empereur du Mali Kankou Moussa fit à la Mecque en 1324, répandant de l'or sur son passage au Caire.

L'on peut donc raisonnablement penser que parmi les raisons qui ont poussé les Portugais à affronter la mer en direction des côtes africaines figure la soif d'or. Cela d'autant plus qu'en ce début du XVe siècle, l'or est singulièrement rare en Europe[195], les guerres – entre autres la Guerre de Cent Ans – ayant aggravé la déflation du précieux métal[196]. Tout indique qu'à ce

192. Sujet arabe, il avait voyagé en 970 de Bagdad jusqu'au bord du Niger.
193. Ibn Hawkal, cité dans Ki-Zerbo, *ibid.*, p. 106.
194. *Ibid.*, p. 137.
195. Illife, *op. cit.*, p. 258. Voir également A. H. de Oliveira Marques, *Histoire du Portugal et de son empire colonial*, Paris, Karthala, 1998, p. 106.
196. Ki-Zerbo, *op. cit.* p. 206.

stade, il n'existe pas encore une idée établie chez les Portugais d'un commerce quelconque des esclaves : « Dès 1442, clame M'Bokolo, l'or apparaît dans les sources portugaises comme le produit le plus sûr sinon le plus rentable d'un commerce naissant...[197] »

3.1.1.2. **L'odeur d'épices**

Dans l'Europe d'avant la Renaissance, les épices constituaient une denrée rare, disons très rare. « Cette rareté les rendait encore plus précieuses pour les commerçants, écrit A. H. de Oliveira, à cause de la grande marge de bénéfice possible[198]. » Ainsi, les épices constituaient une raison valable au grand départ. L'Afrique pouvait fournir les Portugais en épices, mais c'est surtout l'Asie qu'il fallait atteindre à tout prix. Alors que sur la côte occidentale africaine on trouvait le poivre rouge ou malaguette et le poivre long, variété du poivre noir indien, il y en avait davantage en Asie : le poivre, le gingembre, la cannelle, le girofle, le macès et la noix de muscade[199]. L'Asie offrait donc de belles opportunités d'affaires dans ce domaine.

Jusque là, les épices asiatiques entrant en Europe étaient transportées par les Arabes, qui en contrôlaient les rouages, dans les ports d'Égypte et de Syrie avant d'entrer dans les circuits du négoce vénitien et génois[200]. De l'Asie à l'Europe, ces épices transitaient par des mains nombreuses, mais surtout

197. M'Bokolo, *op. cit.*, p. 206.
198. A. H. de Oliveira Marques, *op. cit.*, p. 185.
199. *Ibid.*
200. Ki-Zerbo, *op. cit.*, p. 190

intéressées (Chinois, Persans, Arméniens, Arabes, Égyptiens, Syriens et Génois). Cela avait pour conséquence que «[...] les épices arrivaient dans les cuisines et chez les droguistes européens à des prix très élevés»[201], ce qui, de toute évidence, ne fit pas l'affaire des Européens. Afin de supprimer ces intermédiaires cupides, les Européens créent un nouvel itinéraire longeant la côte occidentale africaine jusqu'au cap et, de là, ils accèdent directement aux Indes.

Mais Ki-Zerbo ajoute un détail ô combien important: pour que ce dessein des routes maritimes se réalise en ce XVe siècle, il a fallu que la technologie le permette. C'est ce qui arriva, observe Ki-Zerbo :

> [...] les navigateurs européens avaient mis au point un type de voilier robuste aux superstructures élevées, tenant bien la haute mer: la caravelle. Si l'on ajoute l'adoption de la poudre à canon inventée par les Chinois et son adaptation aux armes à feu, l'adoption de la boussole et l'invention du gouvernail à charnière, on voit que les moyens techniques nécessaires à la réalisation des objectifs européens étaient réunis[202].

Dans cette veine, A. H. de Oliveira Marques décrit trois inventions du XVe siècle qui ont rendu possible l'expansion portugaise :

201. *Ibid.*
202. *Ibid.* p. 206. Il faut rappeler que la caravelle perfectionnée par les Portugais est un navire plutôt d'origine musulmane (caravelle : de l'arabe *qarib*). Voir à ce sujet A. H. de Oliveira Marques, *op. cit.*, p. 102.

> L'invention décisive fut celle du gouvernail central fixé à la poupe à la place des gouvernails latéraux posés comme des rames [...] La boussole, autre nouveauté datant de la même époque, venait de Chine et son usage fut répandu à travers la Méditerranée par les Arabes. Une troisième invention du même siècle fut le portulan dérivé de l'observation directe à [sic] la boussole et permettant de déterminer une route sur une grande surface maritime, ce qui changeait beaucoup du cabotage[203].

3.1.1.3. **Le goût du sucre**

Les Européens apprirent des Arabes lors des croisades la technique de la production du sucre ainsi que les multiples usages de ce produit. C'est au début du XIIe siècle que le sucre est introduit en Europe où ses vertus dans les domaines culinaire et curatif sont immédiatement reconnues. Mais ce produit précieux n'est pas à la portée de tous : « Produit de luxe longtemps réservé aux rois et à la haute aristocratie, écrit M'Bokolo, [...] [le sucre] jouissait en outre d'un puissant pouvoir symbolique[204]. » Au fil du temps, « [...] le sucre vit rapidement le nombre de ses usagers [en Europe] augmenter...[205] »

Pour combler cette demande croissante de sucre, les Portugais vont développer la culture de la canne à sucre dans les îles méditerranéennes et atlantiques au fil de leurs découvertes : Madère, îles Canaries, îles du Cap-Vert, etc. Mais le point d'orgue en sera l'île de Sâo Tomé. Découverte entre

203. *Ibid.*, p. 101.
204. M'Bokolo, *op. cit.* p. 216.
205. *Ibid.*

1469 et 1474, «l'île de Sâo Tomé, écrit M'Bokolo, se révéla très particulièrement riche pour les cultures tropicales, grâce à ses sols d'origine volcanique et à l'abondance des cours d'eau[206]».

3.1.1.4. La propagation du christianisme

La religion n'est pas totalement absente des raisons qui motivent les Portugais au grand départ au XVe siècle[207]. K-Zerbo relève particulièrement cet aspect. L'Infant du Portugal, Henri le Navigateur, qui dès 1415 développa des plans d'exploration, est aussi «un chrétien plein de zèle[208]». En pleine *reconquista*, il mit sur pied un plan visant à contrer l'islam en réunissant les forces de la chrétienté et celle du mystérieux «prêtre Jean». D'après les rumeurs rapportées en Europe par les croisés de retour de Palestine, «un roi chrétien dominait le pays au-delà de l'Égypte[209]». Retrouver le «prêtre Jean» dans le but de réunir les forces chrétiennes face à l'expansion de l'islam s'inscrivait donc parmi les raisons expliquant le grand élan au «départ» dans le chef des Portugais.

À ces quatre raisons que nous venons d'évoquer brièvement, Oliveira Marques en ajoute une autre: le courage de dompter la mer[210]. En effet, au Moyen-Âge, il régnait en Europe une grande peur de la mer ténébreuse, peur alimentée par toutes sortes de légendes et de superstitions qui couraient. De toute

206. *Ibid.*, p. 209.
207. A. H. de Oliveira Marques, *op.* cit., p. 107, p.p.120-121.
208. Ki-Zerbo, *op. cit.*, p. 205.
209. *Ibid.*, p. 206. Ce roi était en réalité le Négus d'Éthiopie.
210. A. H. de Oliveira Marques, *op. cit.*, p. 104.

évidence, il a fallu un jour se décider à rompre avec la peur de la mer.

3.1.2. El Mina et la naissance du commerce des esclaves en Afrique

Des quatre ou cinq raisons que nous venons d'évoquer, deux ont eu des conséquences plus ou moins directes sur la naissance de la traite atlantique : 1) la soif d'or qui mena à la fondation en 1462 par les Portugais du fort de Sâo Jorge da Mina et 2) la demande en sucre qui conduisit à la découverte de Sâo Tomé en 1469-1474 par les mêmes Portugais. Nous accordons une place de choix à ces deux lieux, car les activités qui y seront menées préfigurent le modèle d'exploitation qui sera pratiqué en Amérique – commerce de l'or, culture de la canne à sucre.

Saint Georges de la Mine était la « capitale de tous les établissements du Golfe de Guinée » et représentait à ce titre la principale source du commerce de l'or[211]. Iliffe raconte comment les Portugais confrontés à un problème d'ordre pratique en viennent au commerce des esclaves en Afrique[212]. Arrivés sur la côte de l'or, les Portugais ont un premier souci : contre quoi vont-ils échanger l'or ? Que vont-ils donner en échange aux Africains pour avoir leur or ? Les chevaux ? Non, leur durée de vie dans cette région est limitée. Les armes à feu ? Les Africains les accepteraient avec enthousiasme. Sauf que le pape interdit les armes comme produit d'échange, de peur

211. *Ibid.*, p. 175.
212. Iliffe, *op. cit.*, p. 261.

qu'elles ne finissent dans les mains de musulmans. Les Portugais durent donc se rabattre sur le tissu, les métaux (en provenance d'Europe) et sur... les esclaves. L'idée était d'acquérir des esclaves pour ensuite les échanger contre de l'or, car certaines ethnies africaines avaient un besoin criant d'esclaves[213].

Des ethnies noires d'Afrique sont donc les premières clientes de la traite à laquelle les Portugais participent à El Mina, dans le Ghana actuel. Le fait est souligné également par M'Bokolo :

> [...] une partie des activités initiales des Portugais, observe-t-il, consistait à pratiquer la traite pour le compte des Africains. Les navigateurs étrangers avaient en effet intérêt à acheter des esclaves dans une région d'Afrique pour les vendre dans une autre[214].

Les Akan, par exemple, qui, bien avant l'arrivée des Portugais, avaient coutume d'acheter des esclaves avec de l'or, devinrent des clients tout désignés des nouveaux courtiers lusitaniens. Les Akan avaient besoin d'esclaves, car, écrit Iliffe, « [...] ils s'en servaient pour transporter des marchandises à l'intérieur des terres, et surtout pour défricher la forêt, ce qui était leur ambition principale[215] ».

Ainsi, à El Mina, sans l'avoir inventée, les Portugais vont donner un second souffle à la traite locale dans laquelle ils s'insèrent. À cela, ajoutons le fait qu'ils disposaient d'un avan-

213. Toutefois, de ces esclaves noirs achetés par les Portugais en vue de leur échange local contre l'or, une part indéterminée fut envoyée en Europe. Ces esclaves y servirent comme domestiques.
214. M'Bokolo, *op. cit.*, p. 205.
215. Iliffe, *op. cit.* p. 261.

tage au plan technologique qui leur permit d'aller toujours plus loin (Bénin, delta du Niger, royaume kongo), avantage que rappelle Mazenot :

> Alors ils se procurèrent en l'achetant un peu plus loin sur la côte nigériane cette marchandise de troc dont le transport était assuré jusque-là en pirogue. Avec leurs caravelles d'une capacité bien plus grande, ils disposèrent vite d'un avantage certain sur les intermédiaires locaux[216].

Cet avantage technologique que nous soulignons, dont disposaient les Portugais en s'insérant dans la traite locale à El Mina, est plus qu'un détail. Nous assistons là à un changement d'échelle. Alors que la traite locale se faisait avec des moyens rudimentaires, limités quant au nombre d'esclaves achetés et transportés, la traite par les Portugais devient quasi-moderne : ils peuvent acheter plus d'esclaves et en transporter plus. Le rayon de la traite sous leur contrôle s'élargit. En termes quantitatifs, ce n'est pas rien. Mazenot cite l'étude récente de Joseph Bato-Ballong-Wen-Menuda qui a mené une enquête sur l'activité négrière au fort d'El Mina. Sur la base de documents portugais concernant les mouvements de navires entre Sâo Tomé et El Mina, Bato-Ballong-Wen-menuda estime à 30 000 le nombre d'esclaves échangés par les Portugais contre l'or aux « courtiers » akan. Et Mazenot d'ajouter : « [...] ce qui est loin d'être négligeable[217] ».

216. Mazenot, *op. cit.*, p.145.
217. *Ibid.*

Avant de passer au siècle suivant, présentons ici une chronologie des dates essentielles de la «découverte» de l'Afrique par les Portugais.

Encadré 3. La « découverte »[218] de l'Afrique : dates clés[219]

1415 : l'Infant du Portugal, Henri le Navigateur, est nommé gouverneur du fort de Ceuta par son père. Il met sur pied de nombreuses expéditions en vue d'explorer la mer et les terres au sud de l'Afrique du Nord.

1420 : les îles Madère sont découvertes.

1437 : le Portugais Gil Eanes atteint le cap Bojador situé à l'extrême sud du Maroc[220]. Les îles Açores sont (re)découvertes.

1450 : Cà da Mosto atteint l'embouchure du Sénégal et est reçu par le damel (roi) du Cayor.

1455 : le pape Nicolas V publie la Bulle Romanus Pontifex qui consacre les droits de la couronne portugaise sur les découvertes africaines ainsi que sur toutes les terres à découvrir.

1460 : mort de l'Infant du Portugal Henri le Navigateur.

1470 : à la suite de la disparition de l'Infant du Portugal, l'exploration de l'Afrique est sous le monopole de la couronne portugaise. Les Portugais arrivent chez les Akan.

1482 : les Portugais fondent le fort de Sâo Jorge da Mina ou El Mina (La mine) sur le littoral ghanéen. Première forteresse européenne en Afrique tropicale[221], elle donne aux Portugais un accès direct à la principale source de l'or, s'affranchissant ainsi des Arabo-Berbères qui jusqu'alors en étaient des intermédiaires aussi incontournables qu'intéressés. Diego Câo atteint l'embouchure du Congo.

1487-1488 : B. Dias franchit le Cap de Bonne-Espérance (Afrique du sud).

1492 : Christophe Colomb arrive en Amérique[222].

---

218. L'emploi du mot « découverte » ici est problématique, nous en convenons. Cependant, il est révélateur de l'attitude européo-centriste qui prévalait au cours des siècles qui nous préoccupent.
219. Pour l'élaboration de cette chronologie, nous nous sommes inspiré du Document 29 « L'ouverture de l'Atlantique, repères chronologiques », de M'Bokolo, op. cit., p. 204;nous nous sommes également inspiré de A. H. de Oliveira Marques, op. cit., 111-121.
220. Mazenot écrit au sujet du cap Bojador qu'il « était considéré [à l'époque] par les navigateurs comme une limite à ne jamais franchir sous peine des plus grands malheurs », op. cit., p. 176.
221. Iliffe, op. cit., p. 261.
222. Nous ajoutons ce fait pour la raison suivante : étant « découvertes » de manière quasi simultanée, l'Afrique au sud du Sahara et l'Amérique verront leurs sorts liés pour longtemps.

3.2. XVIe siècle—Les débuts de la traite atlantique

Si, comme nous l'avons vu, le XVe siècle avait comme point d'orgue El Mina, le XVIe siècle s'ouvre avec un autre lieu d'importance : Sâo Tomé. Ce dernier lieu est très important pour comprendre les débuts de la traite atlantique : c'est ici le laboratoire du modèle d'esclavage de plantation qui sera implanté dans les Amériques. De la même manière que l'or a créé à El Mina le premier rapport des Portugais à la traite des esclaves, le sucre va créer le second, à Sâo Tomé cette fois.

3.2.1. Sâo Tomé : le laboratoire du modèle d'esclavage de plantation implanté dans les Amériques

Alors que les Portugais avaient auparavant introduit la culture de la canne à sucre à Madère, aux Canaries et au Cap-Vert, c'est Sâo-Tomé qui deviendra sa terre de prédilection. Dès sa découverte dans les années 1469-1474, l'île de Sâo Tomé retient l'attention de la couronne portugaise, car les sols volcaniques de cette île inhabitée sont particulièrement riches. Très vite, la couronne portugaise rêve d'y installer des colons dans le but d'y développer rapidement la culture de la canne à sucre. Un problème se pose cependant : l'île de Sâo Tomé se révèle indocile, disons hostile à la présence européenne. M'Bokolo énumère les « fièvres », le « mal français » et « d'autres maladies vénériennes » qui maintinrent les effectifs européens médiocres : « [...] vers 1450, écrit-il, l'île comptait seulement 600 à 700 maisons et une population libre de 2500 personnes, Blancs et mulâtres en majorité[223] ».

223. M'Bokolo, *op. cit.*, p. 209.

La couronne portugaise se résolut donc à y amener des esclaves noirs. Ainsi, la culture de la canne à sucre et la production de la mélasse reposeront entièrement sur le travail des esclaves africains. Ceux-ci proviendront du golfe du Bénin, du delta du Niger et surtout du royaume kongo : « [D]ans la seule année 1516, avance M'Bokolo, près de 4700 esclaves des pays kongo furent introduits à Sâo Tomé[224]. »

Au fil du temps, Sâo Tomé se spécialisa, outre le sucre, dans la réexportation des esclaves vers Sâo Jorge da Mina et vers le Portugal. Sâo Tomé devint ainsi le centre de transit de tous les esclaves acquis par les Portugais depuis le golfe du Bénin jusqu'au Kongo : l'île en gardait une partie pour ses propres besoins, alors que le reste était réexporté vers El Mina et vers le Portugal. En ce début du XVIe siècle, l'île de Sâo Tomé est ainsi une véritable plaque tournante des échanges et de la traite des esclaves :

> Cette situation, écrit M'Bokolo, encouragera de nombreux entrepreneurs à se lancer dans des activités locales mais fort rémunératrices. Une industrie de chantiers navals vit ainsi le jour à Sâo Tomé, construisant des caravelles d'environ 20 tonnes destinées au commerce au golfe de Guinée et de Kongo. Les équipages de ces vaisseaux se composaient le plus souvent de mulâtres et de Noirs, libres ou non, payés en esclaves, ce qui contribua à la reproduction, sur une large échelle, des structures esclavagistes[225].

224. *Ibid.*, p. 210.
225. *Ibid.*, p. 211.

À combien s'élève le nombre d'esclaves africains transportés à Sâo Tomé ? M'Bokolo note que « les auteurs retiennent une fourchette de 4800 à 10 000 esclaves » sur l'île vers 1540. Mais il ajoute :

> L'état de ces esclaves était misérable. Malgré l'existence de quelques cultures vivrières et d'un petit élevage (chèvres, porcs, moutons, ânes et quelques bovins), l'alimentation était défectueuse, à base d'ignames, de bananes, de patates importées d'Amérique et de sorgho, importé du continent puis produits localement. Il est probable que la morbidité et la mortalité étaient particulièrement dramatiques, imposant un renouvellement constant des effectifs d'esclaves[226].

Si le « renouvellement constant des effectifs d'esclaves » sur l'île de Sâo Tomé qu'évoque M'Bokolo devait se confirmer, ce fait indique alors que les lieux de prélèvement de ces esclaves (golfe du Bénin, delta du Niger et surtout royaume Kongo) ont dû être très sollicités.

Jusqu'ici (première moitié du XVIe siècle), la traite des esclaves demeure une affaire « afro-européenne », pour reprendre l'expression de M'Bokolo. Elle vise à combler les besoins de Sâo Tomé (culture de la canne à sucre et production de mélasse), d'El Mina (commerce d'or) et du Portugal (besoins domestiques). En ce qui concerne l'importation des esclaves par la péninsule ibérique, selon les estimations de J.-E. Harris, que cite Mazenot, elle se chiffrait à une moyenne de 800 esclaves par an au cours de la période 1450-1500, soit un total de

226. *Ibid.*, p. 210.

40 000 individus pour le demi-siècle[227]. De ces esclaves importés à la péninsule ibérique, M'Bokolo souligne que «Lisbonne demeura, de très loin, la principale destination[228]». Abondant dans le même sens, Ki-Zerbo écrit que «[d]ès 1550, le dixième de la population de Lisbonne était composé d'esclaves noirs[229]».

Bien que le nombre d'esclaves concernés par cette traite «afro-européenne» ne soit pas comparable à celui de la traite atlantique à venir, il ne peut passer pour négligeable. Il faut se rappeler que cette nouvelle traite se déroulait parallèlement à la traite en direction du monde arabo-musulman dont nous avons parlé dans le premier point.

3.2.2. De l'Afrique à l'Amérique

Aussitôt que Christophe Colomb eut découvert l'Amérique pour le compte des rois catholiques, il revint au pape de partager la terre entre Espagnols et Portugais[230]:

> [...] en 1493, écrit Mazenot, [...] [le pape] traça au milieu de l'Atlantique une ligne de démarcation (méridien d'Alexandre VI) située à 100 lieues à l'Ouest des Îles du Cap Vert. La partie occidentale fut attribuée à

227. Mazenot, *op. cit.*, p. 145.
228. M'Bokolo, *op. cit.*, p. 213.
229. Ki-Zerbo, *op. cit.*, p. 210.
230. Surtout que, en 1454, nous l'avons vu, le pape Nicolas V consacrait le monopole de la couronne portugaise sur la côte africaine, ce qui n'était pas du goût des Espagnols. Et, rappelle Ki-Zerbo (1978: 210), des frictions s'étaient déjà produites aux Canaries entre les deux voisins. C'est dans ce contexte que le pape Alexandre VI procédera au partage du monde entre les siens.

> l'Espagne et l'orientale, aux Portugais qui obtinrent par entente directe avec les Espagnols (Traité de Torsidillas de 1494) le report de cette ligne beaucoup plus à l'Ouest (370 lieues) ; ils purent ainsi prendre possession du Brésil dans les tout premiers mois de l'année 1500[231].

Le partage du monde entre Espagnols et Portugais par le pape en 1493 et le traité de Torsidillas, un an plus tard, vont signifier dans les faits que si en Afrique la domination était portugaise, en passant de l'Afrique à l'Amérique en ce début du XVIe siècle, le monopole de l'initiative – ou tout simplement la domination, si l'on préfère – sera espagnol. L'Amérique « était [ainsi] devenue un domaine espagnol », pour reprendre les mots de Ki-Zerbo[232].

Mais à cette Espagne si riche de nouvelles terres à exploiter se posa la brûlante question de la main-d'œuvre. Il en fallait et il en fallait beaucoup, pour l'exploitation de l'or à Hispaniola et pour la production de coton, de café, de tabac et de sucre dont la demande était grande en Europe. Qui allait combler ces besoins croissants en force de travail ? D'abord les « « engagés à temps » européens – criminels, prostituées, enfants victimes de rapts, ivrognes… », répond M'Bokolo[233]. Mais ces derniers étaient trop peu nombreux et peu productifs. Ainsi, le système économique qui se mettait en place devait-il reposer sur le travail servile des Indiens de l'Amérique.

231. Mazenot, *op. cit.*, p. 146.
232. Ki-Zerbo, *op. cit.*, p. 210.
233. M'Bokolo, *op. cit.*, p. 217.

On fit travailler les Indiens. Seulement voilà, la rencontre entre les Indiens et les Européens provoqua une hécatombe chez les premiers, tant leurs conditions de vie se dégradèrent, peu habitués qu'ils étaient aux nouvelles maladies apportées par les Européens. Les Indiens étaient sans conteste les premiers à faire les frais de la « découverte de l'Amérique » :

> Les brillantes civilisations inca et aztèque, écrit Ki-Zerbo, avaient été sauvagement décapitées sur les hauts plateaux tandis que sur les plaines côtières les populations moins évoluées étaient asservies pour le travail des plantations. Parmi eux, la mortalité était effroyable[234].

Dit en d'autres mots :

> Soumis brutalement à une domination implacable, et décimés par la dureté des travaux autant que par les ravages de maladies jusqu'alors inconnues, les « Indiens » des Amériques furent les premières victimes de la naissance du Nouveau Monde[235].

C'est dans ce contexte que Bartholomé de Las Casas, religieux sévillan ordonné prêtre à Cuba en 1512, proposera au roi d'Espagne le remplacement des Indiens par des esclaves noirs importés d'Afrique. Les Noirs avaient, semble-t-il, l'avantage de compter des décennies d'acclimatation aux maladies européennes. Quel avantage !

234. Ki-Zerbo, *op. cit.*, p. 210.
235. M'Bokolo, *op. cit.*, p. 215.

Faut-il voir en Las Casas le père de la traite atlantique ? Tous les historiens que nous avons lus sont unanimes pour répondre par la négative. Ils invitent, le plus souvent, à voir dans la suggestion de Las Casas l'expression de sa compassion envers les Indiens des Amériques. Manqua-t-il de compassion à l'endroit des Noirs ? Les historiens soulignent que Las Casas regretta sa suggestion pour le reste de sa vie.

La question de la disponibilité des esclaves noirs en Afrique ne se posa pas, car, nous l'avons vu, depuis le XVe siècle, les Européens ont développé un système de traite des Noirs en Afrique. Mieux, la demande de la main d'œuvre servile noire dans les Amériques intervient au moment où, en plein milieu du XVIe siècle, le commerce de l'or à El Mina amorce sa phase de déclin[236]. La coïncidence entre le déclin d'El Mina sur la côte ghanéenne et le développement d'une nouvelle demande dans les Amériques paraît troublante, mais c'est bien ainsi. Iliffe confirme lui aussi le fait qu'en ce milieu du XVIe siècle la destination principale des esclaves africains devint la terre d'Amérique :

> À la fin du XVIe siècle, près de 80 % […] [des esclaves] partaient vers les Amériques, en particulier vers le Brésil, où les Européens implantèrent la canne à sucre à partir des années 1540[237].

La source d'approvisionnement étant connue, il resta à l'Espagne à surmonter deux problèmes. Le premier est celui

236. Mazenot, *op. cit.*, p. 145.
237. Iliffe, *op. cit.*, p. 263.

du droit d'acquérir les esclaves d'Afrique, car nous l'avons vu, par une bulle, le pape avait mis l'Afrique dans la poche du Portugal. Ainsi, cette situation plaçait déjà l'Espagne dans une sorte de dépendance vis-à-vis du Portugal qui disposait de cette main d'œuvre africaine[238]. Le deuxième problème est celui de moyens techniques pour l'acheminement des esclaves en Amérique, l'Espagne ne disposant pas d'une flotte digne de ce nom, surtout après la débâcle de l'Invincible Armada en 1588.

Pour faire face à ces difficultés, d'une part l'Espagne se résout à vendre à des particuliers ou à des pays des licences pour importer des esclaves noirs en Amérique. C'est la naissance du système d'*ascientos*. D'autre part, la même Espagne annexe le Portugal en 1580, profitant du coup de «la connaissance que les Portugais avaient de l'Afrique[239]». Ainsi, la seconde moitié du XVIe siècle lance les bases de la traite atlantique telle qu'on va la voir fonctionner au XVIIe siècle.

3.3. XVIIe siècle — L'entrée en scène de puissances européennes

Si, comme nous venons de le voir, les bases de la traite atlantique sont lancées au XVIe siècle, c'est au XVIIe siècle que celle-ci est véritablement en marche. Ce que ce siècle a de particulier, c'est l'entrée en scène de puissances européennes dans la traite atlantique, alors qu'au départ c'était une affaire ibérique: «La traite des esclaves africains, écrit M'Bokolo,

238. M'Bokolo, *op. cit.*, p. 217.
239. *Ibid.*, p. 218.

était devenue à ce point intéressante que presque toutes les nations se mirent à en faire peu ou prou...[240] »

Les outils de cette traite devenue européenne sont les compagnies à Charte. Pour commercer au loin, il était devenu indispensable aux marchands européens de se regrouper dans de telles structures, capables de les protéger des importants risques « d'un commerce qui, dans le meilleur des cas, tenait les navires en mer pour huit à dix mois[241] ». Mais ces structures de droit privé bénéficiaient « d'une charte royale », c'est-à-dire de l'« acte de souveraineté attribuant à son bénéficiaire l'exclusivité du trafic ainsi que la protection du roi [...][242] ».

Tout au long du XVIIe siècle donc, une multitude de compagnies à charte voient le jour ; elles sont anglaises, hollandaises, françaises, allemandes, danoises, suédoises, marquant ainsi l'élargissement à l'Europe du commerce des esclaves noirs. Il n'est plus seulement question de satisfaire aux *ascientos* espagnols, mais de s'offrir soi-même des colonies dans les Amériques. Pourquoi la traite devient-elle une affaire européenne ? Par pure cupidité. M'Bokolo montre, en ce qui concerne l'Allemagne comment Benjamin Raule, le responsable de la marine du Brandebourg, s'emploie à convaincre

240. M'Bokolo, *op. cit.*, p. 226.
241. Ki-Zerbo, *op. cit.*, p. 211. Pour un éclairage sur la nature et la fréquence des risques relatifs au commerce des esclaves, on peut lire la contribution de Joseph E. Inikori « The Unmeasured Hazards of the Atlantic Slave Trade : Sources, Causes and Historiographical Implications », dans *From Chains to Bonds. The Slave Trade Revisited*, Paris/New York/Oxford, Unesco Publishing/Berghahn Books, 2001, pp.86-102.
242. Mazenot, *op. cit.*, p.156.

l'Électeur du Brandebourg des profits qu'on peut faire de cette activité :

> Chacun sait [...] que le commerce des esclaves est la source de la richesse que les Espagnols tirent de leurs Indes et que celui qui sait comment se procurer les esclaves partagera cette richesse avec eux. Qui peut imaginer combien de millions la Compagnie Hollandaise des Indes occidentales a gagnés par cette distribution des esclaves ?[243]

Jusqu'au milieu du XVIIe siècle, le nombre d'esclaves noirs exportés vers les Amériques n'atteint guère les 10 000, selon Iliffe[244]. À partir de cette date, il se mit à croître de manière significative. Cependant, c'est au XVIIIe que la traite atlantique atteindra son apogée.

3.4. XVIIIe siècle — L'apogée de la traite atlantique

L'entrée en scène des puissances européennes dans la traite atlantique marque un saut quantitatif. Plus de la moitié des esclaves exportés vers les Amériques le furent au XVIIIe siècle qui est incontestablement celui du grand boom de la traite atlantique. Aucun des siècles précédents ni ceux postérieurs ne connaîtra un volume aussi important d'esclaves noirs objets de traite. Le tableau ci-après tiré d'Iliffe montre la place particulière de ce siècle.

243. Benjamin Raule à l'Électeur de Brandebourg, cité par M'Bokolo, *op. cit.*, p. 227.
244. Iliffe, *op. cit.*, p. 264.

Tableau 3. Exportation d'esclaves d'Afrique vers l'Atlantique par siècle

Période	Nombre
1519-1600	266 000
1601-1700	1 252 800
1701-1800	**6 096 200**
1801-1867	3 446 800
Total	11 061 800

Source : D. Eltis, « The volume and structure of the transatlantic slave trade : a reassessment » (2001), dans John Iliffe, *Les Africains. Histoire d'un continent*, 2009, p. 264.

De plus, Iliffe note qu'en un quart de siècle, entre 1776 et 1800, près de 2 millions d'esclaves furent exportés en Amérique, « soit le chiffre le plus élevé d'esclaves quittant l'Afrique en un quart de siècle [...][245] ».

On doit ce saut quantitatif à la France et à l'Angleterre notamment. Concernant la France, M'Bokolo rappelle que « peu de pays ont vu, comme la France, autant de leurs ports (17 ports métropolitains, plus de ports d'outremer) ni autant de navires (plus de 3300 entre 1713 et 1793 environ) engagés dans le commerce négrier[246]. Il note également que tout au long de ce siècle le nombre de départs annuels de navires négriers français vers l'Afrique est demeuré croissant.

245. Iliffe, *op. cit.*, p. 264.
246. M'Bokolo, *op. cit.*, p. 224.

Tableau 4. Nombre de départs annuels de navires négriers français vers l'Afrique selon les périodes, au XVIIIe siècle

Période	Nombre de départs annuels
1713 à 1736	11 à 15
1737 à 1743	48
1748 à 1755	51
1763 à 1777	55
1783 à 1790	90 à 104
Année 1789	130

Source : d'après les informations tirées de : Elikia M'Bokolo, *Afrique noire. Histoire et Civilisations*, tome I, Paris, Hatier/AUPELF/UREF, 1995, p. 224.

Tout comme la France et en concurrence avec elle, l'Angleterre voit sa traite atteindre l'apogée au XVIIIe siècle. L'arrêt des armements français du fait de la Révolution française laisse le champ libre à l'Angleterre qui devient alors la puissance incontestée du commerce des esclaves entre 1793 et 1807, l'année de l'abolition de la traite britannique :

> En Grande-Bretagne même, écrit M'Bokolo, presque tous les ports avaient trouvé dans la traite des esclaves le moyen le plus sûr de réaliser de gros profits. Ainsi, Londres, Bristol, Liverpool, Lancaster, Glasgow, Plymouth et Chester apparaissent régulièrement dans les listes des ports les plus engagés dans le commerce négrier. Mais les trois premiers étaient de loin les plus importants[247].

247. M'Bokolo, *ibid*. p. 225.

De tous ces ports britanniques, un mérite une mention particulière : Liverpool qui devint un port essentiellement négrier : «Petit village au début du XVIIIe siècle, écrit encore M'Bokolo, Liverpool devint une véritable ville grâce à la traite à laquelle elle doit une prospérité sans précédent[248]. »

À côté de l'Angleterre et de la France, le Portugal était resté une puissance d'importance dans la traite des Noirs. Dans ce club de trois grands, le Portugal arrive même bon deuxième, très loin devant la France, comme on peut le voir dans le tableau suivant.

248. *Ibid.*, p. 226.

Tableau 5. Exportations d'esclaves d'Afrique vers les Amériques selon les régions de provenance, de 1701 à 1810

Régions	Nombre d'esclaves exportés	%
Afrique de l'Ouest	**3 233 800**	**58,9**
Angleterre	2 009 700	36,59
France	613 100	11,16
Portugal	611 000	11,12
Afrique centrale et orientale	**2 227 600**	**40,6**
Portugal	1 414 500	25,75
Angleterre	457 100	8,32
France	356 000	6,48
Provenances inconnues	**29 800**	**0,5**
Total 5 491 200	**100**	

Source : Ph. D. Curtin, *The Atlantic Slave Trade. A Census*, dans Elikia M'Bokolo, *Afrique noire. Histoire et Civilisations*, tome I,1955, p. 220.

Ainsi, selon ces estimations, dans ce siècle d'apogée de la traite atlantique, l'Angleterre se présente comme le plus gros joueur, assurant à elle seule 45 % des exportations d'esclaves. Le Portugal occupe la deuxième position avec 36,9 % des exportations d'esclaves alors que la France, bonne troisième, en exporte 12,5 %.

3.5. XIXe siècle — Abolition de la traite atlantique

Après avoir connu l'apogée au XIXe siècle, au siècle suivant, la traite atlantique vit ses derniers jours. Les puissances européennes impliquées dans la traite vont décider d'y mettre un terme. Mais c'est en ordre dispersé qu'elles y vont. De même que, nous le verrons, l'abolition de la traite atlantique ne mit pas d'emblée un terme à la traite des Noirs qui prospéra encore pendant bien de décennies ci et là. Comment est-on venu à l'idée de mettre un terme au commerce des esclaves ? Des raisons qui menèrent à cette évolution, nous pouvons en distinguer des « officielles » et des « officieuses ». Officiellement, au XVIIIe siècle, c'est-à-dire au moment même du grand boom du commerce des esclaves, des Européens commencent à s'émouvoir de ce que Ki-Zerbo appela un « génocide, froidement perpétré par l'Europe à l'échelle d'un continent[249] ». En Angleterre d'abord, où la prise de conscience émanant des courants religieux tels ceux des Quakers et des méthodistes débouche sur la création d'un mouvement associatif revendiquant la fin du commerce des Noirs. En France aussi, l'idée au départ anglaise trouve des oreilles plus que bienveillantes ; au siècle des Lumières, des philosophes français prennent position contre la traite des esclaves. Naît ainsi en 1788 en France la Société des Amis des Noirs, association où on trouve des noms aussi prestigieux que l'Abbé Grégoire, Voltaire, le marquis de la Fayette, etc.

Les raisons officieuses ont un caractère politique et économique. La raison politique renvoie au fait que les esclaves

249. Ki-Zerbo, op. cit., p. 217.

de plus en plus nombreux dans les colonies constituaient un risque pour la sécurité de leurs maîtres blancs. C'est exactement ce qui se produisit lors la grande révolte des esclaves de Saint-Domingue d'août 1791. Cet événement, on le sait, pesa lourd dans le décret du 4 février 1794 portant sur l'abolition de l'esclavage dans les colonies françaises.

Mais surtout, il y a les considérations économiques, «[...] car, dit Georges Mazenot, il devenait de moins en moins évident, en cette fin de XVIIIe siècle, que l'économie des plantations était la meilleure qu'on puisse pratiquer[250]». Le prix des esclaves ne cessant de croître rendait l'économie de plantation moins intéressante. Cependant, l'argument déterminant dans cette veine des motivations économiques officieuses est décrit par Ki-Zerbo :

> En effet, l'Angleterre, première puissance européenne à avoir accompli sa révolution industrielle, regorgeait de produits manufacturés et cherchait des débouchés réguliers et sûrs. Les Noirs intéressants n'étaient plus les producteurs manuels mais les consommateurs d'étoffes de Manchester et d'outils ou ustensiles de Birmingham ou Sheffield. [...] Par ailleurs, elle avait perdu ses colonies d'Amérique et venait de conquérir l'Inde[251].

Autrement dit, l'Angleterre n'a plus que trop peu d'intérêt dans ce commerce ; ses intérêts sont ailleurs. Soutenir la traite des Noirs revenait pour ce pays à défendre les intérêts des

250. Mazenot, op. cit. p. 160.
251. Ki-Zerbo, op. cit.

autres. Ainsi expliquées, ces motivations officieuses paraissent tout à fait plausibles et cohérentes. Et lorsque la Royal Navy, nous le verrons un peu plus loin, se met à sillonner les mers pour réprimer la traite des Noirs, en France, notamment dans les milieux d'affaires, on doute de la sincérité de l'Angleterre. Beaucoup pensaient que c'était là une habile manœuvre anglaise visant à ruiner la France.

Loin de nous l'idée d'insinuer que les raisons officiellement avancées et qui relèvent de sentiments hautement humanistes n'ont pas joué de rôle dans l'abolition de la traite des Noirs par ceux-là mêmes qui la pratiquaient. Mais il faut en convenir, les motivations officieuses telles que décrites y ont été pour beaucoup.

Quelles qu'en soient les raisons, l'idée de mettre un terme au commerce des esclaves n'est pas du goût de tout le monde, tant s'en faut; elle est très loin de faire l'unanimité, même en France en pleine Révolution:

> Il a fallu à la Révolution française, écrit Marcel Dorigny, de nombreuses années après la proclamation des droits de l'homme, pour que ses propres principes universalistes soient appliqués à l'ensemble des possessions françaises, incluant les colonies [...][252]

252. Marcel Dorigny, «The Abolitions of Slavery (1793, 1794, 1884): Overview of a Symposium», dans *From Chains to Bonds. The Slave Trade Revisited*, Paris/New York/Oxford, Unesco Publishing/ Berghahn Books, 2001, p. 275. Sur la même idée, on peut lire également Mazenot, *op. cit.*, p. 162.

À leur déclaration donc, les droits de l'homme ne concernaient pas l'homme esclave. En fait était-il homme ? C'est en 1794 que l'abolition de l'esclavage est décrétée pour la première fois... pour être rétabli par Napoléon Bonaparte en 1802. Cependant, les Amis des Noirs ne désespéraient pas ; leur idée continuait de faire son bonhomme de chemin. En 1807, le Royaume-Uni abolit la traite, les États-Unis font de même en 1808. Et la France leur emboîte le pas en 1815. Quant à l'abolition de l'esclavage, elle interviendra plus tard : en 1833 pour le Royaume-Uni, en 1860 pour les États-Unis et en 1848 pour la France.

L'abolition de la traite ne signifie pas que cette activité s'arrête du jour au lendemain. La France et l'Angleterre l'ayant aboli les premières veulent amener les « petits » à suivre l'exemple des grands[253]. L'Angleterre, sûre de sa puissance militaire s'improvise gendarme du monde ; c'est elle qui organise la répression de la traite. Elle signe des traités bilatéraux et institue un « droit de visite réciproque » avec les pays impliqués dans la traite. Le dispositif fonctionnera-t-il ? Rien n'est moins sûr. Tout se passe comme si l'interdiction avait ouvert grandement la porte à la traite clandestine :

> En vérité, écrit Mazenot, personne ne se faisait d'illusion : la traite avait beau être interdite (et l'esclavage aboli) par les deux principales puissances coloniales, le commerce des esclaves continuait d'être pratiqué de manière clandestine et sur une très large échelle[254].

253. Mazenot, *op. cit.*, p. 165.
254. *Ibid.*, p. 166.

Visiblement, la répression anglaise ne fut pas à la hauteur du défi. L'acteur principal de cette traite clandestine devient le Brésil. Quand bien même ce pays devenu indépendant s'engagea à abolir la traite, il n'y parviendra qu'en 1850. Et ce n'est qu'en 1889 qu'il mettra fin à l'esclavage.

L'autre traite dont nous avons parlé, c'est-à-dire la traite vers le monde arabo-musulman ne se sentit pas concernée par la fin de la traite atlantique. Alors que dans la seconde moitié du XIXe siècle la traite atlantique a disparu, la traite vers le monde arabo-musulman se poursuit et même prend de l'ampleur. L'île de Zanzibar et Alexandrie en sont alors les plaques tournantes. La poursuite de cette activité sur la côte orientale fournira aux pays européens l'un des motifs « officiels » pour coloniser l'Afrique, comme nous le verrons dans le chapitre suivant.

3.6. Les effets de la traite atlantique sur la démographie subsaharienne

En terminant ce chapitre, le moment est venu de discuter des effets des traites négrières sur la démographie subsaharienne. Rappelons tout d'abord que la question n'est pas nouvelle ; elle a donné lieu à d'âpres débats que l'historienne Catherine Coquery-Vidrovitch résumait il y a vingt ans déjà en ces termes :

> Deux interprétations s'opposent sur les effets démographiques de la traite des esclaves, l'une « minimaliste », l'autre « maximaliste », qui tendent d'ailleurs à coïncider avec les présupposés idéologiques de leurs partisans

> respectifs. Certes, aujourd'hui, on s'accorde sur le *total* numérique des esclaves commercialisés outre-Atlantique ; mais la divergence demeure entre « progressistes » plus ou moins tiers-mondistes, pour lesquels ces chiffres suffirent pour peser d'un poids très lourd sur la démographie africaine, et « modérés », voire conservateurs – quasiment tous non-Africains – qui, en revanche, s'appuient sur leur relative médiocrité pour démontrer le contraire[255].

Force est de constater que les choses sont demeurées en l'état depuis lors. La question ne laisse pas indifférent ; ceux qui se la posent choisissent en y répondant – sinon avant – un camp plutôt qu'un autre. Face à ces deux positions tranchées, comment tenter d'y voir clair ? Qu'en est-il au juste ? Nous allons mener ici une discussion libre, qui présentera les positions de quelques auteurs parmi les plus en vue, afin d'éclairer le lecteur qui alors se fera sa propre idée. Bien entendu, à la fin, nous donnerons notre propre point de vue. Reposons le problème.

D'entrée de jeu, rappelons encore une fois avec Coquery-Vidrovitch que la divergence ne porte pas sur les effectifs des esclaves retirés d'Afrique[256]. Il existe depuis 1969 un consensus sur les effectifs des victimes de la traite atlantique. De même, on ne remet pas en cause les estimations des victimes de la traite orientale qui est à la fois antérieure et postérieure à la traite atlantique. Ces chiffres qui font consensus ont été

255. Catherine Coquery-Vidrovitch, *Afrique noire. Permanences et ruptures*, Paris, L'Harmattan, 1993, chapitre II. « Traite négrière et démographie : Les effets de la traite atlantique », p. 32.
256. *Ibid.*, p. 32-35.

confirmés par différents chercheurs et correspondent *grosso modo* à ceux que nous avons présentés dans le présent chapitre, soit :

- 11 061 800 pour la traite atlantique entre les XVIe et XIXe siècles
- 17 0000 000 pour la traite vers le monde arabo-musulman, entre le VIIe siècle et le début du XXe siècle.

Ne pose pas problème non plus la ventilation, siècle après siècle, que nous avons présentée ici. Dès lors qu'on s'entend sur les chiffres, sur quoi diverge-t-on ? On diverge sur la lecture qu'on fait de ces chiffres. Nous situons cette divergence à deux niveaux. Premièrement, elle est entre ceux qui pensent que la traite a eu des effets sur la démographie subsaharienne et ceux qui affirment le contraire. Dans une contribution de 2001, Patrick Manning procède à un état de la question qui nous permet de remonter à l'origine de cette première divergence[257]. Le point de départ du débat, dit-il, est la publication en 1969 par Philip Curtin de son recensement sur la traite atlantique, document d'une grande portée, comportant des estimations détaillées. En réponse à Curtin, Fage propose en 1969 des modèles de calcul suggérant que, virtuellement, la traite atlantique n'a pas eu d'effets sur la taille ou la structure de la population africaine. Suivant la voie ouverte par Fage, d'autres chercheurs ont proposé un modèle de calcul simple : ils ont pris l'accroissement naturel (l'excédent de naissances

257. Patrick Manning, « The Slave Trade and the Demographic Evolution of Africa », dans *From Chains to Bonds. The Slave Trade Revisited*, Paris/New York/Oxford, Unesco Publishing/Berghahn Books, 2001, p. 106-107.

sur les décès d'une année) auquel ils ont soustrait le nombre d'esclaves exportés dans l'année. Puisque le résultat était positif, «ils ont conclu qu'en moyenne la population africaine a augmenté dans l'ère d'exportation des esclaves[258]». Cette position que nous venons de décrire grâce à notre lecture de Manning est contredite par des auteurs qui pensent au contraire que la traite atlantique a eu des effets sur la démographie africaine. Nous allons trouver cette position dans le deuxième niveau suivant.

Le deuxième niveau de divergence concerne ceux qui pensent que la traite a effectivement eu des effets au plan démographique. Cependant, ceux-ci ne s'entendent pas sur l'intensité de tels effets. Il y a, d'un côté, ceux pour qui la population subsaharienne a baissé (en nombre absolu) et ceux pour qui c'est plutôt sa croissance qui a ralenti. Dans le premier groupe, nommons tout d'abord le professeur d'histoire nigérian Joseph E Inikori qui, dans nombre de ses travaux, a soutenu l'idée que la population africaine a baissé sous le coup de la traite. Nommons également Patrick Manning qui défend lui aussi la même idée dans divers travaux. Dans la contribution de 2001 à laquelle nous avons fait allusion tout à l'heure, Manning résume lui-même sa position :

> Les résultats de mes estimations de l'impact démographique du commerce des esclaves [...] pourraient être résumés de la manière suivante. Pour la côte occidentale africaine dans son ensemble – du Sénégal en Angola, [et] à plus de 600 kilomètres des côtes – la population a baissé dans la période 1730 à 1850. Pour la côte

258. *Ibid.*

> orientale de l'Afrique, du Mozambique au Kenya, la population a baissé au milieu et à la fin du XIXe siècle. Dans les terres de la savane allant du Sénégal à la vallée du Nil, incluant l'Éthiopie et la Corne de l'Afrique, le commerce des esclaves suffit à ralentir la croissance de la population, sans l'arrêter, même pendant le pic de la traite des esclaves à la fin du XIXe et [au début] du XXe siècles[259].

Dans le groupe de ceux qui croient que, du fait de la traite, la croissance démographique de l'Afrique a ralenti sans pour autant que sa population baisse, figure Catherine Coquery-Vidrovitch. Dans le chapitre II «Traite négrière et démographie» de l'un de ses travaux, elle pourfend tout d'abord la position de ceux qui nient les effets de la traite :

> Plus raisonnable, écrit Coquery-Vidrovitch, – et même frappée du coin du bon sens – apparaît l'idée que la ponction nette de millions d'individus (après tout, en à peine deux siècles, plus de 10 % de la population totale) ne peut pas ne pas avoir d'effets à la fois démographiques et sociaux [...][260]

Reconnaissant l'ampleur des ponctions réalisées d'une part et, de l'autre, étudiant dans la rigueur les effets différentiels (leur distribution dans l'espace), à l'issue d'une discussion des exemples concrets – Afrique occidentale, Angola – elle en vient en définitive à la conclusion suivante : «[...] la ponction négrière revenait localement à stopper l'essor démographique plutôt qu'à réduire sensiblement la population[261] ».

259. *Ibid.*, p. 108.
260. Coquery-Vidrovitch, *op. cit.*, p. 34.
261. *Ibid.*, p. 37-39.

À la question de savoir si sans les traites la population africaine aurait été supérieure à ce qu'elle fut à la fin de ces traites, Coquery-Vidrovitch ne répond pas d'emblée par un oui, car elle suppose que dans ce cas, des « "régulations démographiques" cycliques par accroissement de la mortalité [...] auraient pu se charger de ramener à des taux inférieurs la population africaine [...][262] ». Elle prend soin d'ajouter : « Mais, après tout, rien non plus n'interdit de penser que la pression démographique alors devenue concevable aurait pu exercer sur l'histoire africaine précoloniale des effets incitatifs aussi dynamiques qu'en Occident[263]. »

Maintenant que nous venons de présenter les éléments du débat, donnons notre propre position. Sur la simple base du bon sens, nous sommes du camp de ceux qui pensent que les traites négrières ont eu des effets sur la démographie africaine. Nous sommes même du côté de ceux qui pensent que, par moments et par endroits, la population doit avoir baissé en nombre absolu du fait de la traite. On n'a qu'à relire la plainte du roi kongo à son homologue portugais, plainte que nous avons placée en exergue au début du présent chapitre.

Disons franchement que la supposition de Coquery-Vidrovitch selon laquelle en l'absence des traites négrières, les régulations démographiques cycliques auraient fait le même travail que les traites nous surprend un peu. Nous sommes plutôt en faveur de son ajout, car en réalité, le commerce des esclaves

262. *Ibid.*, p. 37.
263. *Ibid.*

n'avait pas vocation de remplacer les régulations démographiques cycliques. Autrement dit, dans la vie, les facteurs négatifs ne sont pas nécessairement exclusifs ; ils ont même tendance à s'additionner : « Le malheur ne vient jamais seul », dit le proverbe français.

Sans enlever à la traite son caractère exceptionnel, disons que là où elle a sévi, c'est attesté qu'elle s'est souvent associée à d'autres calamités, l'addition causant dans certains cas le plus de dégâts. En Angola, région aux prises avec des sécheresses récurrentes, la traite se déroulait en même temps qu'il y avait des épisodes de famine, sans parler des maladies d'origine européenne. Dans un exemple fourni par Coquery-Vidrovitch, justement, on voit comment la famine a favorisé parfois la traite : dans les régions rurales aux prises avec la sécheresse et la famine, des individus allaient s'offrir d'eux-mêmes à Luanda comme dépendants, comme clients ou comme esclaves. Pire, des enfants y étaient vendus à un prix moindre qu'en temps normal[264]. Dans ses « Notes sur les Conditions Écologiques en Sénégambie aux 17e et 18e Siècles », nous l'avons vu, Charles Becker fournit lui aussi des exemples dans lesquels la famine, la maladie et la guerre tantôt favorisent la traite, tantôt la freinent[265].

Pour mieux apprécier les effets des traites négrières, il faut quitter la vue globale que livrent les effectifs des victimes

264. *Ibid.*, p. 39.
265. Charles Becker, « Notes sur les Conditions Écologiques en Sénégambie aux 17e et 18e Siècles », dans *African Economic History*, n° 14 (1985), pp. 167-216.

admis, suggère avec raison Coquery-Vidrovitch[266] et reconnaître le caractère sélectif de ces traites-là[267]. Ainsi en est-il de l'âge : « [...] les proies les plus recherchées étaient les jeunes, les personnes les plus vigoureuses, voire les plus capables et les plus dynamiques [...][268] ». Ainsi en est-il également du sexe, dans la mesure où la traite atlantique rechercha davantage des hommes, alors que la vallée du Nil et la Corne de l'Afrique, engagées dans la traite orientale, exportèrent plus des femmes : « Le commerce des esclaves apporta un déséquilibre du *sex ratio* dans une bonne partie d'Afrique : un manque d'hommes le long de la côte occidentale africaine, et un manque de femmes dans la savane et sur la côte orientale[269]. » Ainsi, selon le simple bon sens, le changement dans la structure des populations dû à l'exportation de personnes jeunes et aux déséquilibres dans le *sex ratio* devrait ramener à la baisse le taux de fécondité. C'est ce qui arriva à la région de Loango (le nord du fleuve Congo). Manning indique que si le taux de naissance dans la région de Loango était demeuré si bas au début du XXe siècle, on peut penser qu'aux XVIIIe et XIXe siècles, celle-ci a fait face à une baisse de population et à un déséquilibre du *sex ratio* sévères[270]. « La perte de jeunes adultes, conclut Manning, même à un taux annuel de 1 % doit avoir affaibli les capacités reproductives africaines. »[271].

266. Coquery-Vidrovitch, *op. cit.*, pp. 37-38.
267. Alain Dubresson et Jean-Pierre Raison. *L'Afrique subsaharienne. Une géographie du changement*, Paris, Armand Colin, 2003, p. 47 ; on peut lire également Ki-Zerbo, op. cit., p. 220.
268. *Ibid.*
269. Manning, *op. cit.*, p. 113.
270. *Ibid.*, p. 110.
271. *Ibid.*

C'est vrai que le cas de l'Angola constitue une exception notable. À la fin du XVIIIe siècle, l'Angola s'est retrouvé avec un *sex ratio* très largement en faveur des femmes du fait d'une intense et longue ponction d'hommes (deux fois plus de femmes en âge de procréer que d'hommes). Contre toute attente, ce déséquilibre n'a presque pas eu d'impact sur le potentiel de croissance, car, écrit Coquery-Vidrovitch, «il a été compensé [...] par l' «utilisation à plein» des femmes en âge de procréer, ce qui se traduit par un taux de fécondité de l'ordre de 320 ‰ [...] D'où un taux net d'accroissement démographique très élevé : 25,7 ‰ »[272]. Mais ce mécanisme compensateur qui a été à l'œuvre dans le cas angolais ne s'est apparemment pas vérifié ailleurs où les traites négrières ont provoqué un déséquilibre du *sex ratio*.

Il convient d'aborder également la question du développement d'un esclavage de masse auquel contribua la demande croissante en bras dans les Amériques. En Afrique même, chez des Africains, les traites négrières devinrent un véritable «business». Certes, il est des endroits où les Africains ont refusé de participer aux traites négrières. Inikori suggère d'ailleurs que les gens ordinaires dans les sociétés costales, c'est-à-dire ceux qui n'étaient ni membres de gouvernements, ni soldats, ni commerçants et qui n'avaient pas d'esclaves, étaient horrifiés par le commerce d'êtres humains qui s'opéraient sous leurs yeux. Ces gens ordinaires prêtaient parfois main forte aux esclaves (sur le point de partir) dans leur insurrection. Parfois, lorsqu'ils jugeaient le risque faible, ces gens ordinaires allaient jusqu'à attaquer les trafiquants

272. Coquery-Vidrovitch, *op. cit.*

européens[273]. De même, Iliffe fait cas de sociétés sans États en Afrique occidentale qui refusèrent de vendre des esclaves : les Jola de la Casamance qui refusèrent de traiter avec les Européens jusqu'au XVIIe siècle ; les Baga dans la Guinée actuelle et les Kru du Libéria qui refusèrent de prendre part à la traite et le Bénin qui ferma carrément son marché aux esclaves[274].

En dehors de ces cas qu'il faut effectivement prendre en compte, la cupidité poussa des Africains à la quête des esclaves. On assista ci et là à une banalisation de la condition esclavagiste, toutes les occasions étant bonnes pour se faire des esclaves à vendre, notamment la guerre.

Au sujet de la guerre, Ki-Zerbo montre comment la traite atlantique alimenta les guerres interafricaines, dans une sorte de cercle vicieux où plus d'esclaves permettaient d'obtenir plus de fusils des trafiquants européens et plus de fusils permettaient de faire davantage de guerres et donc d'esclaves. Et de citer Pruneau de Pommegorge :

> Ces peuples ont été, par notre criminelle avidité, transformés en bêtes féroces ; ils ne se font la guerre entre eux et ne se détruisent réciproquement que pour vendre leurs compatriotes à des maîtres barbares. Les rois eux-mêmes n'y voient leurs sujets que comme une marchandise qui peut leur servir à se procurer ce que désirent leurs caprices[275].

273. Inikori, *op. cit.*, p. 99.
274. Iliffe, *op. cit.*, p.259 et p. 271.
275. Pruneau de Pommegorge, cité par Ki-Zerbo, p. 220.

On ignore et on ne saura jamais combien d'individus mouraient dans ces guerres pour chaque individu capturé et réduit en esclavage. On ignore également combien mouraient pendant le voyage depuis le lieu de la capture, loin à l'intérieur, pour un esclave arrivé vivant sur la côte. Il faut également prendre en considération le fait qu'il en mourait dans les centres de transit côtiers avant l'embarquement pour le voyage vers l'inconnu. Pour toutes ces raisons, d'aucuns pensent que les chiffres admis des victimes de traite atlantique devraient être multipliés par un coefficient qui, il est vrai, reste difficile, voire impossible à déterminer.

La pratique de razzias était déjà là bien avant la traite atlantique. En effet, au Moyen-Âge, des dirigeants des États africains pratiquaient activement des razzias dans le but de capturer des esclaves à fournir aux Maures dans le cadre du commerce transsaharien[276]. La traite atlantique donna alors un second souffle à cette pratique. Selon Manning, l'exportation des esclaves menait automatiquement au développement d'une traite continentale interafricaine[277], car tous les individus capturés et réduits en esclavage n'étaient pas expédiés hors d'Afrique. Pour Manning, cet esclavage domestique peut être perçu comme une conséquence, un sous-produit des traites d'exportation. Or, on sait qu'au XIXe siècle, cet esclavage continental prit de l'ampleur, à mesure que la traite occidentale s'amenuisait du fait de l'abolitionnisme. On ignore quelles conséquences a eu le développement de cet esclavage continental sur le taux de mortalité. On ignore également

276. Lire Iliffe, op. cit., p. 259; lire également Coquery-Vidrovitch, op. cit., pp. 42-43.
277. Voir Manning, op. cit., p. 111.

comment l'esclavage continental affecta la fécondité des femmes esclaves.

Tenant compte de toutes ces considérations, nous croyons pour notre part que la traite des Noirs a eu des effets sur la démographie subsaharienne. Compte tenu du fait que le gros de la ponction concernant la traite atlantique s'est fait sur une période plutôt courte – plus de 5 millions en un siècle ; compte tenu également du fait que cette lourde ponction se faisait parallèlement à la traite orientale ; compte tenu aussi des effets de la traite continentale qui prit de l'ampleur au XIXe siècle ; compte tenu, enfin, du fait que des épidémies et des épisodes de famine ont aussi été présents au cours de ces siècles, nous pouvons avancer que les traites négrières contribuèrent à ralentir la croissance démographique de l'Afrique subsaharienne aux XVIIIe et XIXe siècles et qu'à certains endroits la population diminua effectivement.

Le fait que la venue de la traite atlantique coïncide avec le moment où l'évolution démographique subsaharienne décroche de l'évolution constatée sur les autres continents suffit à montrer le poids qu'a eu cette dernière traite. Ce fait montre surtout combien la traite atlantique était inopportune. Depuis très longtemps, la démographie africaine faisait face à toutes sortes de contraintes : famines dues aux aléas climatiques, maladies, traite des esclaves pour le monde arabo-musulman. Si, jusque-là, l'Afrique subsaharienne avait réussi à maintenir une croissance démographique faible, mais tout de même, la venue de la traite atlantique et ses prélèvements quantitatifs en un temps record imposèrent une contrainte telle que le résultat fut une stagnation de la population subsaharienne globale et une diminution nette de la population par endroits.

Chapitre 4

L'expansion coloniale européenne et ses impacts sur la démographie subsaharienne

> Nous avons brûlé plusieurs villages riverains de la Taouey, pris 2000 bœufs, 30 chevaux, 50 ânes, fait 150 prisonniers, tué 100 hommes, brûlé 25 villages.
>
> *Louis Faidherbe*

> Quand on traite avec une race composée de cannibales depuis des milliers d'années, il est nécessaire d'utiliser des méthodes qui secoueront au mieux leur paresse et leur feront comprendre l'aspect sain du travail.
>
> *Roi Léopold II de Belgique*

Dans quelle mesure l'expansion coloniale européenne à la fin du XIXe siècle a-t-elle eu des conséquences sur la démographie subsaharienne ? Pour le savoir, nous allons étudier ici les guerres coloniales et les violences liées à l'exploitation économique des colonies d'Afrique ainsi que les travaux forcés, de 1885 à la fin de la Première Guerre mondiale. Mais avant, analysons le contexte et les raisons qui mènent les puissances impériales européennes à ce qui est généralement appelé « le partage de l'Afrique » et à la colonisation qui s'en est suivie.

1. L'invasion coloniale à la fin du XIXᵉ siècle

Dans les rapports de l'Europe à l'Afrique depuis cinq cents ans, le XIXe siècle se démarque entre autres choses par au moins deux paradoxes. Le premier se situe au plan de principes éthiques : le XIXe siècle s'ouvre sur l'abolition de l'esclavage et de la traite atlantique décrétée par les puissances européennes, il se terminera par la colonisation de l'Afrique par ces mêmes puissances. On le voit, alors que l'abolitionnisme se voulait le fruit des Lumières, la conséquence de la victoire de l'humanisme civilisant sur la barbarie, la colonisation du continent noir a tout d'un retour à la barbarie, comme nous le verrons dans ce chapitre. Pour se rendre compte de ce premier paradoxe, remémorons-nous les hauts sentiments qui habitaient les Anglais devenus on ne sait comment les gendarmes du monde commis à la bonne cause de l'abolitionnisme. Sillonnant les mers autour de l'Afrique afin d'intercepter les convois négriers, les Anglais s'étaient faits les champions du bon cœur :

> Un esclave ainsi libéré [par les Anglais] se souvenait, écrit Iliffe : « Ils ont ôté les fers de nos pieds, et les ont jetés à l'eau ; ils nous ont donné des vêtements pour cacher notre nudité, ils ont ouvert les barriques d'eau, que nous puissions boire tout notre saoul, et nous avons aussi mangé jusqu' à ce que nous soyons rassasiés. »[278]

278. John Iliffe, *Les Africains. Histoire d'un continent*, trad. de l'anglais par Jean-Paul Mourlon, Paris, Flammarion, 1997, pp. 297-298, coll. « Champs histoire ».

Comment quelques décennies plus tard ces mêmes Anglais deviendront-ils des « colonisateurs » en Afrique, avec tout ce que ce mot traîne comme charge à connotation négative ?

Le second paradoxe touche au principe qui fonde l'action économique dans cette Europe en pleine expansion industrielle : le libre-échange. Soutenu et défendu par la puissante Angleterre, le libre-échange s'oppose par définition à la simple idée de posséder des territoires coloniaux. Car posséder des colonies conforte plutôt l'idée du protectionnisme perçu à l'époque comme une aberration à la française. Au regard de ces deux paradoxes, on ne peut que se demander : qu'est-ce qui en cette fin du XIXe siècle motive les Européens et les pousse à la colonisation de l'Afrique alors que tout sur le plan de principes semble les en dissuader ? Pour le savoir, il faut faire le tour des circonstances qui exceptionnellement se trouvent réunies en Europe à la fin du XIXe siècle et qui vont conforter l'idée d'une colonisation de l'Afrique.

Premier argument : au cours des quatre siècles de la traite atlantique avant l'abolitionnisme, la présence européenne en Afrique noire était très limitée. Exception faite de l'Afrique du sud, elle se résumait à quelques factoreries et forts le long des côtes. S'aventurer dans l'hinterland comportait des risques que les Européens n'étaient pas près de prendre. Iliffe rappelle les deux principaux obstacles qui cantonnèrent longtemps les Européens aux zones côtières : la maladie, surtout la malaria et l'absence chez les Européens d'une supériorité militaire suffisante[279]. Au début du XIXe siècle, la

279. *Ibid.*, p. 386.

malaria tua en moins d'un an près de la moitié d'Européens assez téméraires pour débarquer en Afrique occidentale. Quant à la puissance militaire, jusqu'en 1850, les armes dont disposaient les Européens étaient plutôt de piètre qualité : des fusils qui réclamaient « au moins une bonne minute de chargement, ne portant que jusqu'à 80 mètres, et ne fonctionnant pas trois fois sur dix[280] ».

Comme par hasard, à la fin du XIXe siècle, des solutions sont trouvées à ces deux obstacles qui retenaient les Européens sur la côte. L'introduction de la quinine réduisit considérablement le risque de mourir de la malaria et du coup rendit possible les campagnes militaires[281]. En 1866, les fusils à chargement par culasse sont utilisés pour la première fois. En 1885, la mitrailleuse Maxim est brevetée, elle avait la capacité de tirer onze coups par seconde[282]. Les obstacles à une invasion coloniale européenne de l'Afrique étant levés, il restait à trouver la raison. Quelle fut-elle ?

Deuxième argument : la fin de la traite atlantique au XIXe siècle a eu entre autres conséquences le fait inattendu de susciter chez les Européens un vif intérêt pour l'Afrique. Au moins à trois niveaux. Le niveau un est celui de missionnaires. Poursuivant sur la lancée des hauts sentiments ayant mené à l'abolitionnisme, les missionnaires protestants (anglo-saxons,

280. *Ibid.*
281. Alors qu'en Amérique latine les propriétés anti-paludéennes de l'écorce du quinquina étaient connues depuis le XVIIe siècle, en Europe, il a fallu attendre le milieu du XIXe siècle pour que la quinine soit utilisée de manière rationnelle et de plus en plus courante pour traiter et prévenir le paludisme.
282. Iliffe, *op. cit.*, pp. 386-387.

allemands, scandinaves) tout d'abord, puis catholiques, manifestent de la compassion à l'égard des âmes noires à qui il faut apporter désormais le salut. Ainsi, au XIXe siècle, verra-t-on ça et là sur le continent des missionnaires partis pour seule raison : annoncer le salut en Jésus Christ. Ils devaient être d'une grande bravoure et faire preuve d'un grand courage, car à l'époque bien peu parmi eux survivaient aux maladies tropicales[283]. En même temps qu'ils annonçaient la Bonne Nouvelle, les missionnaires chrétiens fondaient des écoles d'enseignement général ou professionnel ainsi que des hôpitaux. Mais ces missionnaires firent encore plus. Témoins de la traite des Noirs qui se poursuivait[284], « nombre de missionnaires crièrent au génocide et encouragèrent le contrôle, voire la conquête [coloniale] de l'Afrique par l'Europe pour mettre fin au massacre...[285] » C'est le cas notamment de David Livingstone, médecin missionnaire protestant et l'un des grands explorateurs de l'Afrique au XIXe siècle :

> Ulcéré par le commerce sanglant qu'il rencontrait à chaque pas, écrit Ki-Zerbo, [...] [Livingstone] en vint à souhaiter la colonisation de l'Afrique comme le seul remède : « Que Dieu bénisse amplement [...] tout

283. David Van Reybrouck, *Congo. Une histoire*, trad. du néerlandais (Belgique) par Isabelle Rosselin, Paris, Actes Sud, p. 65.
284. L'abolition de la traite atlantique par les Européens n'a pas arrêté d'un coup la traite des Noirs sur le continent africain. Au milieu du XIXe siècle, le commerce des Noirs est toujours pratiqué par les trafiquants Afro-arabes opérant dans l'Afrique orientale. Le commerce des Noirs bascule en effet de la côte atlantique vers la côte orientale. Voir à ce sujet Georges Mazenot, *Sur le passé de l'Afrique noire*, Paris, L'Harmattan, pp.233 et 237, coll. « Études africaines ».
285. Joseph Ki-Zerbo, *Histoire de l'Afrique noire d'hier à demain*, Paris, Librairie A. Hatier, p. 401.

> homme, qui, américain, anglais ou turc, aidera à guérir cette plaie »[286].

Le niveau deux de l'intérêt pour l'Afrique est celui des États eux-mêmes. Emboîtant le pas aux missionnaires, les États européens s'intéressent également à cette partie du monde qu'il faut délivrer de la barbarie par la mission civilisatrice ; ils semblent témoigner de la compassion à l'endroit de cette Afrique noire qu'il faut protéger de la traite des humains que les trafiquants afro-arabes y poursuivaient toujours.

Le niveau trois de l'intérêt inattendu des Européens envers l'Afrique au XIXe siècle est celui de la science, c'est-à-dire l'envie d'explorer et de connaître enfin cette partie du monde qui leur échappait toujours. Car jusqu'ici, l'Afrique demeurait le « gros point d'interrogation sur la carte du monde », le « continent mystérieux », la « terra *incognita* »[287]. Le continent le plus proche de l'Europe est paradoxalement celui que les Européens connaissaient le moins[288]. Parmi les initiatives allant dans le sens de cet intérêt, citons la création en 1830 de la Royal Geographical Society (de Londres) qui est associée aux expéditions de noms célèbres tels David Livingstone, Richard Francis Burton, John Hannig Speke, Henry Morton Stanley, etc. Dans la même veine, l'on peut évoquer l'ouverture le 12 septembre 1876 de la Conférence de géographie de Bruxelles, à l'initiative du roi Léopold II de Belgique. Cette conférence consacrée à l'Afrique et qui réunit une trentaine de savants issus de toute l'Europe vise officiel-

286. *Ibid.*, pp. 406-407.
287. Ki-Zerbo, op. cit., p. 401.
288. David Van Reybrouck, *op. cit.*, p. 58.

lement[289] à relancer l'exploration de l'Afrique afin de ramener à la civilisation l'unique partie du monde qui ne l'avait pas encore rejointe.

Pour combler ce désir de science, une horde d'aventuriers sillonnent l'Afrique, afin de percer ses mystères y compris son cœur jugé jusqu'ici impénétrable ainsi que les sources de ses grands fleuves – dont le Nil – qui avaient alimenté tant de passions. Mais à l'heure de l'expansion économique européenne, peut-on suggérer avec le point suivant, que l'intérêt scientifique pour l'Afrique dissimulait peut-être des relents économiques ?

Argument trois : en ce XIXe siècle, l'Afrique intéresse aussi l'Europe pour des raisons économiques, même si la tendance chez de nombreux historiens est d'affirmer qu'à cette époque l'Afrique n'était pas indispensable à l'Europe[290]. L'Europe de la Révolution industrielle a besoin de matières premières, mais elle a aussi besoin de se créer des marchés outre-mer. Vu sous cet angle, l'Afrique avait des avantages à offrir. Tout d'abord, on savait en ce moment, grâce aux Arabes et grâce aux explorateurs, que les sol et sous-sol africains contenaient les matières premières nécessaires à la nouvelle industrie. Puis, après quatre siècles de contacts – et conséquence de la traite atlantique –, les Européens connaissaient l'envie et le goût des

289. Nous disons officiellement, car il est aujourd'hui largement admis qu'au-delà des énoncés officiels et très souvent nobles, de telles assises avaient un agenda caché.
290. Iliffe, *op. cit.*, p. 385 ; voir aussi Vincent Joly, *Guerres d'Afrique. 130 ans de guerres coloniales. L'expérience française*, Rennes, Presses universitaires de Rennes, p. 29.

notables africains pour les produits importés d'Europe. Enfin, il fallait s'intéresser à l'Afrique de peur que ce marché potentiel ne tombe dans le giron de la concurrente Amérique qui, elle aussi, s'industrialisait[291]. Car, en cette seconde moitié du XIXe siècle, les exportations européennes s'en portaient davantage mal. On évoqua alors l'idée d'une seconde révolution industrielle où l'accent serait mis non pas sur l'augmentation de l'offre mais sur la nécessité d'écouler : vendre ou mourir[292].

Mais isolés, aucun des trois arguments ci-dessus ne pourrait véritablement justifier l'invasion coloniale de l'Afrique. Surtout pas l'argument économique, le dernier évoqué. Les raisons économiques – si fortes soit-elles – ne justifient pas, en toute logique, la colonisation de l'Afrique. Car le libre-échange défendu et accepté par l'Europe industrielle suffisait à assurer à chacun l'accès aux matières premières et aux parts de marché africaines. Autrement dit, dans l'intérêt des économies européennes, il n'était nullement nécessaire que chaque puissance européenne possède et défende son morceau d'Afrique. Dans cette veine, rappelons également le fait que les marchands européens qui commerçaient en Afrique ne voulaient pas de conquêtes coloniales qui risqueraient de perturber leurs activités[293]. Tout indique alors qu'une autre motivation suffisamment puissante va s'ajouter aux trois arguments présentés.

291. Ki-Zerbo, *op. cit.*, pp. 402 et 408 ; voir également Van Reybrouck, *op. cit.*, p. 55.
292. Mazenot, *op. cit.*, pp. 270-271.
293. Iliffe, *op. cit.*, p. 385.

Argument quatre : au-delà des impératifs moraux, du désir de science et des raisons économiques, la colonisation de l'Afrique à la fin du XIXe siècle est motivée par ce qu'il convient d'appeler le mimétisme euro-européen, c'est-à-dire le nationalisme, c'est-à-dire la peur du voisin qui devient particulièrement prononcée à cette époque de l'histoire. Le partage de l'Afrique et l'invasion coloniale doivent à ce réflexe qui se fait jour en Europe selon lequel il faut agir avant le voisin de peur que lui n'agisse avant soi :

> La rivalité entre les États-nations européens, écrit Van Reybrouck, fut ce qui les incita, à partir de 1850, à se précipiter sur le reste du monde. L'amour de la patrie suscita une soif de pouvoir qui, à son tour, déclencha une avidité territoriale[294].

Même son de cloche du côté de Mazenot :

> Pour ne pas transgresser les idéaux de la Révolution, [...] l'unique comportement pour les nations européennes eut été de ne pas aller planter leurs pavillons un peu partout dans le monde, un monde non civilisé, du moins à leurs yeux. Elles auraient sans doute pu renoncer à leur « mission civilisatrice » s'il n'y avait pas eu le voisin, tous les voisins européens qui auraient profité sans scrupule de la place ainsi désertée[295].

Dit en d'autres mots, c'est dans un contexte particulier où « les facteurs politiques » pèsent davantage que « les motivations économiques »[296] qu'une course entre État-nations européens s'enclenche. Dans cette course chacun tente d'être le premier

294. Van Reybrouck, *op. cit.*, p. 55.
295. Mazenot, *op. cit.*, p. 315.
296. *Ibid.*

arrivé à un endroit donné, le premier à signer des ententes avec les notables, peu importe la méthode, pourvu que ceux-ci vous cèdent leurs droits ancestraux sur les terres.

Nous pouvons présumer le fait que les notables locaux n'avaient pas une connaissance suffisante des contrats qu'on leur faisait signer, contrats du reste rédigés dans des langues européennes. Avaient-ils une pleine connaissance des conséquences pour le futur de la signature de tels contrats ? Le doute est permis. Dans un courrier, le roi Léopold II de Belgique, mécontent du contenu des premiers contrats signés pour son compte par Henri Morton Stanley et ses assistants au Congo, indique clairement que les chefs locaux devaient être floués. Et le roi de dire comment :

> La lecture des contrats conclus par Stanley avec les chefs ne me satisfait pas, écrit Léopold II. Il faut y ajouter au moins un article portant qu'ils nous délèguent leurs droits souverains sur les territoires [...] Ce travail est important et urgent. Il faut que ces traités soient aussi courts que possible et qu'en un article ou deux, ils nous accordent tout[297].

Dans cette course donc, tout est bon – les armes, la ruse, l'astuce – pour atteindre le noble objectif de prendre un territoire avant l'autre. Vu de loin, cette course paraît « comme une sorte d'engrenage [...] totalement déraisonnable, écrit Georges Mazenot, dont le contrôle n'est plus assuré en définitive par ceux qui l'ont initié.[298] » : « On prend, renchérit

297. Léopold II, cité dans Van Reybrouck, *op. cit.*, pp. 69-70.
298. Mazenot, *ibid.*

Ki-Zerbo, parce que l'on pense en avoir besoin pour protéger des prises antérieures; puis l'on prend parce que c'est à la portée de la main; puis on prend pour devancer le voisin; on finit par prendre pour prendre, comme en temps de pénurie, parce que "cela pourra toujours servir" [...][299]. »

Se déroulant dans un contexte de nationalismes exacerbés, la conquête coloniale de l'Afrique se fera sur fond de rivalités, notamment entre Français et Britanniques (Afrique occidentale et Haute vallée du Nil), entre Allemands et Britanniques (Afrique orientale et Afrique australe), entre Français, Portugais et roi des Belges (Afrique centrale).

Les Français sont signalés sur la côte de l'Afrique occidentale depuis le XVIe siècle. Ils se concentrent sur la cote sénégambienne et y sont pour des raisons purement commerciales, principalement la traite négrière[300]. Ainsi, le contrôle de l'embouchure du fleuve Sénégal revêt-il une importance capitale aux activités commerciales des Français. C'est toujours à des fins commerciales qu'ils fondent en 1659 le comptoir de Saint-Louis. Située au milieu du fleuve Sénégal et à 20 kms de son estuaire, l'île de Saint-Louis offre des avantages aux plans commercial et défensif[301]. Outre la traite négrière, on y pratiquera également le commerce de la gomme arabique, de l'or et de l'ivoire. Première ville fondée par les Français dans cette partie du monde, Saint-Louis deviendra plus tard la capitale de la première colonie française en Afrique occidentale.

299. Ki-Zerbo, *op. cit.*, p. 408.
300. Joly, *op. cit.*, p. 75.
301. *Ibid.*

Tout au long du XVIe siècle et même au cours du XVIIe siècle, les Français présents au Sénégal n'ont aucune velléité coloniale[302]. Ceux qui y vont, nous l'avons vu, le font pour des raisons commerciales et ils ne s'éloignent pas du littoral. Mais l'influence française se répand pour autant. Après de brefs intermèdes (1758-1779 et 1809-1814) au cours desquels le Sénégal passa aux mains des rivaux britanniques, le Sénégal repassa sous le contrôle français.

En 1854, Louis Faidherbe, officier de l'artillerie et du génie français ayant servi en Algérie (1842-1847 et 1849-1852) est nommé gouverneur du Sénégal. La nomination de Faidherbe à ce poste marque les débuts de la politique expansionniste française en Afrique occidentale. Pour comprendre cette volonté expansionniste, il faut retourner vingt ans en arrière lorsque la France lance en 1830 la conquête de l'Algérie afin de retrouver son rang de grande puissance perdue depuis Waterloo[303]. Manifestement, la France affaiblie cherche à se revitaliser grâce à des richesses coloniales[304]. Et la défaite de 1870 face à la Prusse convainc plus que jamais les responsables politiques français dans cette voie qui consiste à se relever grâce aux conquêtes coloniales. Dans cette volonté expansionniste la conquête de l'Algérie revêt une grande signification. L'Algérie est le laboratoire des conquêtes coloniales françaises à venir; le théâtre de guerre algérien va fournir aux conquêtes coloniales françaises à la fois les officiers et la méthode[305], c'est-à-dire la barbarie.

302. *Ibid.*, p. 85.
303. Joly, *op. cit.*, p. 39.
304. Iliffe, *op.cit.*, p.377.
305. Joly, *op. cit.*, pp. 87, 88 et 89.

Faidherbe inaugura les guerres coloniales françaises en Afrique occidentale. Il combattit les résistants, réunifia le Sénégal jadis coupé entre des royaumes rivaux et annexa le pays ouolof par le traité de 1858 et le Kayor (1861-1865). En quelques années à peine, Faidherbe a créé la colonie du Sénégal dont il entreprit le développement économique, notamment la construction du chemin de fer Dakar-Niger. L'expansion impérialiste française est poursuivie et poussée plus loin encore par le général Louis Brière de l'Isle nommé gouverneur du Sénégal en 1876. Ce militaire autoritaire mène depuis le Sénégal une avancée à l'intérieur, en direction du Niger.

La signature de traités par des agents français avec des chefs locaux dans le Bas-Niger allait heurter les intérêts commerciaux anglais qui étaient déjà anciens dans la région[306]. Ce contentieux franco-britannique sur le cours du Niger ne sera réglé que tard en juin 1889 par le biais d'un traité[307]. De telles rivalités entre puissances impériales ne se limitent pas à la France et l'Angleterre en Afrique occidentale. Elles se reproduisent ailleurs et le risque devient réel qu'elles se transforment en guerres. D'où la nécessité de trouver une solution politique préventive.

En Afrique centrale, le bassin du Congo offre un autre terrain de rivalités, cette fois entre la France, le Portugal et le roi Léopold II de Belgique. Pour le Portugal, c'est depuis la fin du XVe siècle que ses sujets, en la personne de Diégo Caô, ont

306. Iliffe, *op. cit.*; voir également Joly, *op. cit.*, p. 120.
307. Joly, op. *cit.*, p. 120.

atteint l'embouchure du Congo. Depuis lors, les Portugais sont présents dans le Bas-Congo, y menant des activités commerciales. S'il est vrai que jusqu'en 1880 les Européens présents dans la région n'ont jamais eu l'intention de faire évoluer leurs activités commerciales en conquêtes coloniales[308], les Portugais considèrent en cette fin du XIXe siècle qu'ils détiennent des droits historiques sur le cours inférieur du Congo.

La revendication portugaise intervient au moment où Léopold II, roi des Belges, a de plus en plus de mal à cacher ses ambitions colonisatrices sur cette partie du continent africain. Depuis 1876, il finance le second périple de Stanley visant à ouvrir des comptoirs commerciaux sur le fleuve Congo. Ainsi, ses projets bousculent les Portugais. C'est sans compter avec les appétits expansionnistes des Français en Afrique équatoriale. Sous l'impulsion de Jules Ferry, ministre de l'instruction publique, le gouvernement français autorise la seconde mission de Pierre Savorgnan de Brazza au Gabon (1879-1882)[309]. Financée par la Société française de géographie et par les ministères français de la Marine, des Affaires étrangères et de l'Instruction publique, la seconde mission de Brazza vise à torpiller les visées coloniales de Léopold II en Afrique centrale. Ainsi, parti de l'arrière-pays gabonais, descendant la rivière Alimi (un affluent du Congo), Brazza rejoint le grand fleuve en 1880. Sur la rive droite du Congo, Brazza conclue un traité de protectorat avec Makoko, le chef des Batéké et fixe un établissement français à Nkuna

308. Van Reybrouck, *op. cit.*, p. 56.
309. Pierre Savorgnan de Brazza fut naturalisé Français en 1874.

(Brazzaville aujourd'hui), le point de départ de l'empire français d'Afrique équatoriale. Avec cet exploit, Brazza a pris de vitesse Stanley, l'homme de main de Léopold II qui, remontant le Congo depuis l'embouchure, signait des traités avec les tribus riveraines, les fameuses «annexions au pinceau»[310]. La hardiesse de Brazza vient de ruiner du coup les espoirs de Léopold II d'occuper les deux rives du Congo. Si décidemment la partie se joue à trois – entre la France, le Portugal et Léopold II –, elle implique également l'Angleterre, que le Portugal appelle à l'aide et qui, de surcroît, craint que la France n'établisse son protectionnisme dans la région.

Quant à l'Allemagne de Bismarck, qui au départ se montrait peu intéressée à l'idée d'acquérir des colonies en Afrique, elle finit par y prendre goût. Ainsi, en 1884, elle s'offre des protectorats en Afrique du Sud-Ouest, dans le Tanganyika, au Cameroun et au Togo. Alors que la France établissait un protectorat sur la Tunisie en 1881, l'invasion de l'Égypte par l'Angleterre en 1882 raviva la méfiance et la rivalité entre la France et l'Angleterre. De la méfiance et de la rivalité dans lesquelles la France et l'Angleterre sont empêtrées, il résultera un affaiblissement des deux et un renforcement l'autorité du chancelier Bismarck qui en usa pour convoquer la Conférence de Berlin de (1884-1885)[311].

310. Mazenot, *op. cit.*, pp. 274 et 280.
311. Iliffe, *op. cit.*, pp. 378-379.

2. La Conférence de Berlin et le partage de l'Afrique

La Conférence de Berlin réunissant les puissances européennes est le lieu de ce qu'on appelle couramment le « partage de l'Afrique ». En réalité, il s'agissait moins d'un nouveau partage que d'une mise en ordre dans les prétentions des uns et des autres. Au moment de la Conférence de Berlin, pour donner un exemple, la France avait presque fini la conquête de l'Afrique occidentale. Berlin était moins un partage qui partait de zéro qu'une fixation sur papier des limites territoriales des empires[312]. C'était surtout le lieu de régler du sort de ce qui sera le Congo, car – rappelons-le – son territoire était convoité tant par le roi Léopold II à titre personnel que par le Portugal et la France, sous l'œil attentif de l'Angleterre. Dans cette relation à 3 + 1, l'Angleterre avait le rôle de faiseur de rois.

Le Congo tomba finalement dans la poche de Léopold II parce que ce dernier y tenait mordicus et que depuis 1876 il utilisait sa fortune personnelle pour créer des comptoirs commerciaux le long du fleuve Congo. Mais surtout, laisser le Congo à Léopold II souverain d'un petit pays comportait l'avantage de ne n'offusquer aucune des puissances rivales dont les ambitions étaient clairement affichées. Offrir le Congo à Léopold II, c'était créer au cœur de l'Afrique un État tampon entre les puissances européennes, exactement comme l'était la création de la Belgique[313].

312. Cependant, la fixation de ces limites sur le terrain fut plus laborieuse ; elle a donné lieu à des négations pays à pays dans les années qui ont suivi 1885.

313. Van Reybrouck, *op. cit.*, p. 73.

La Conférence de Berlin marque le début de la colonisation officielle de l'Afrique par l'Europe. On peut légitimement se poser la question à savoir s'il y a un lien à établir entre la traite atlantique et l'abolitionnisme d'une part et la colonisation de l'Afrique par l'Europe d'autre part. Si ce lien doit être établi, il faut le faire après avoir pris au moins une précaution. Sur le continent noir, la colonisation de l'Afrique par l'Europe est généralement considérée comme une aberration. Non sans raisons. Cependant, il convient de rappeler que comme fait historique, la colonisation, c'est-à-dire la mise systématique sous domination européenne des autres continents à partir du XVIe siècle, est un phénomène général qui ne concerna pas l'Afrique seule. Affrontant les mers, disposant de la technologie et des armes, les Européens s'en allèrent à la découverte et à la conquête des mondes. Il n'y a pour ainsi dire pas un coin de terre qui leur échappa, pas un îlot, pas un fleuve qui ne reçurent un nouveau nom de baptême selon leur convenance. De ce point de vue, la colonisation de l'Afrique n'est pas une singularité en soi et on voit mal pourquoi elle y aurait échappé. En revanche l'Afrique paraît le seul continent où l'invasion coloniale succède à de longs siècles de traite et à un certain abolitionnisme.

Que la même Europe qui, des siècles durant, a pratiqué la traite des Africains décide, après y avoir mis fin, de coloniser l'Afrique, voilà qui suscite l'étonnement, et effectivement ce fait aurait dû interpeller davantage les historiens. Car l'abolition de la traite atlantique et l'esprit qui la commandait interdisaient en toute logique une domination et un asservissement des populations d'Afrique du type de ce que fut la colonisation. Dans les circonstances, sommes-nous réduit à poser l'idée d'une continuité et non pas celle d'une rupture entre la traite des Noirs et la colonisation de l'Afrique. Nous en venons à ce simple soupçon : en dépit de l'abolitionnisme, la traite atlantique – tout comme les missions des explorateurs tout au long du XIXe siècle – a fait le lit de l'expansion coloniale. Les longs siècles de traite avaient affaibli les États africains à plus d'un titre : prélèvements massifs d'individus dans la force de l'âge, multiplication de razzias, de guerres et toutes autres occasions d'où tirer des esclaves à vendre, encouragement de la cupidité, etc. En même temps, son abolition contribua à désorganiser les États africains pour un temps et à précipiter parfois leur disparition dans la période précédant l'invasion coloniale.

Après Berlin, trois étapes importantes étaient à franchir sur la route de la colonisation de l'Afrique :

- tout d'abord, fallait-il matérialiser sur le terrain le partage fait sur papier à Berlin, c'est-à-dire le traduire en des frontières délimitant les espaces des empires. Cette première tâche fut réalisée de manière effective, mais elle prit tout de même du temps ;

- fallait-il aussi imposer le nouvel ordre à l'intérieur des ces espaces, c'est-à-dire se soumettre par la force les populations indigènes. Cette deuxième tâche connut un degré de réalisation qui ne fut jamais effectif. Car tout au long des trois quarts de siècle que dura l'aventure coloniale, par endroits, des Africains défièrent le nouvel ordre imposé ;

- fallait-il enfin doter ces espaces d'un minimum d'infrastructures indispensables à leur mise en exploitation, c'est-à-dire construire des chemins de fer et des ponts, ouvrir des routes, etc.

Dans la période qui nous intéresse, à savoir de Berlin à la fin de la Première Guerre mondiale, la réalisation de ces trois tâches fut très difficile et très éprouvante pour les populations africaines. Cette période a eu des conséquences certaines sur la démographie africaine ; elle contribue à expliquer le ralentissement démographique de l'Afrique subsaharienne que nous tentons de mettre en lumière dans cet ouvrage. Les Africains ont connu les guerres coloniales, la brutalité, les travaux forcés, le portage. La liste des violences coloniales présentée dans ce chapitre n'est certainement pas exhaustive. Il se met donc en place en Afrique subsaharienne entre 1885 et 1920 les conditions qui, comme nous allons le voir, rappellent drôlement l'esclavage de millions d'Africains déportés outre-Atlantique dans les derniers siècles. Pour notre propos, nous allons évoquer deux faits susceptibles d'avoir un impact significatif sur la démographie subsaharienne dans les premières décennies de la colonisation de l'Afrique : les guerres coloniales et la violence liée à l'exploitation économique des colonies.

3. Les guerres coloniales

À l'invasion coloniale, à maints endroits sur le continent, les Africains ont offert une résistance certaine. Contrairement à l'idée reçue, la conquête coloniale a été tout sauf une partie de plaisir pour les Européens. Très souvent, les Africains ont tenté de repousser du mieux qu'ils pouvaient les nouveaux conquérants.

La colonisation, en imposant le contact direct permanent augmenta le risque de frictions entre les deux groupes, ce qui n'était pas le cas pendant les siècles de la traite atlantique où Européens et Africains avaient maintenu un «échange» plutôt à distance. Mais, au-delà de toutes ces considérations, l'élément qui explique la dégradation des relations entre Européens et Africains et qui nous paraît le plus déterminant est le fait que la colonisation, dans son principe et dans sa philosophie, constitue un rapport de domination ; elle consiste en une logique de mise en servitude d'un groupe par l'autre. Il s'agit pour tout dire d'un rapport inégalitaire et violent. Il faut donc voir dans cette violence directe de groupe à groupe la raison de la dégradation des rapports qu'a engendrée la colonisation de l'Afrique par l'Europe. En tant que rapport totalisant (un groupe soumet un autre) et violent, la colonisation portait en elle-même la nécessité morale qu'on lui résistât.

Au lendemain de la Conférence de Berlin, les Africains découvrent, médusés, que très loin et en leur absence les Européens ont procédé à un partage du continent, sans les consulter, comme le chante si bien l'Ivoirien Tiken Jah Fakoly dans *Plus rien ne m'étonne*[314]. Ils découvrent en ce moment la signification des traités qu'on leur fit signer quelques années auparavant dans des langues qu'ils ne comprenaient même pas. Ils réalisent enfin, mais trop tard, que comme le souhaitait le roi Léopold II, en un paragraphe ou deux des contrats ils avaient «tout» donné. C'est le ciel qui leur tombe sur la tête.

Cependant, ici et là, les Africains vont tenter de s'opposer, avec l'énergie du désespoir, à ce qui s'imposait avec l'évidence d'une fatalité. Aux guerres de conquête menées par les Européens, les Africains vont opposer une résistance dont l'ampleur et la forme varieront selon le type d'organisation politique en vigueur dans les sociétés à conquérir[315]. Les Africains n'étaient donc pas apathiques; ils ne restèrent pas les bras croisés. L'issue de ces guerres de conquête, on le sait a été une victoire des Européens. Les armes ou plutôt les types d'armes utilisées dans les deux camps firent toute la différence.

S'il est vrai qu'au début du XIXe siècle les Européens ne disposaient pas d'une supériorité militaire convaincante, tel ne sera plus le cas à la fin de ce même siècle lorsque leurs armées seront équipées de fusils se chargeant par la culasse, des fusils à répétition et, pour finir, de la mitrailleuse Maxim[316]. Cette dernière invention offrant l'avantage de tirer 600 coups par minute, les Européens disposaient ainsi d'une puissance de feu inégalée et à la hauteur de leurs ambitions de conquête.

314. Tiken Jah Fakoly, *Plus rien ne m'étonne*, Album Coup de gueule, 2004.
315. Joly, *op.cit.*, pp. 135-136; voir également pp. 144-147.
316. Joly, *op. cit.*, p. 33.

Ces armes seront dévastatrices dans les camps adverses tout en minimisant les pertes dans les camps européens.

S'appuyant sur une puissance de feu supérieure, les conquérants n'utilisaient qu' «une fraction de leurs moyens militaires[317]» dans les guerres coloniales d'Afrique. La raison de l'économie de moyens militaires côté européen tient premièrement, nous l'avons vu, au fossé qui sépare les deux camps au plan strictement militaire: la technologie, la puissance de feu, la manière même de se battre qui paraît si nouvelle aux adversaires africains[318].

Deuxièmement, l'économie de moyens militaires européens s'explique aussi par les ravages que les maladies africaines firent sur les populations de race blanche. Pendant longtemps l'Afrique demeura hostile aux Européens. Joly rappelle qu'à la fin du XVIIIe siècle, la moitié des Européens qui débarquaient en Afrique mourait dans l'année et que les survivants avaient une espérance de vie qui devenait aléatoire[319]. En 1815, sur les 75 soldats français envoyés à Saint-Louis pour renforcer la sécurité de la colonie, 57 meurent dans les six mois suivant leur arrivée[320]. D'où donc la nécessité de recruter localement des Africains qui offrent en plus l'avantage de coûter moins cher, des Africains dont les vies ne valent pas grand-chose[321]. Il faut rappeler également que l'opinion publique européenne était quelque peu réticente à l'idée de dépenser de l'argent

317. *Ibid.*, p. 32; voir aussi p. 76.
318. *Ibid.*, p. 34; voir aussi p.97.
319. *Ibid.*, p. 77.
320. *Ibid.*, p. 81.
321. *Ibid.*, p. 90; voir aussi p. 123.

public pour mener des guerres coloniales en Afrique[322]. Ainsi, les troupes européennes étaient composées de peu d'Européens; dans leurs rangs figuraient de nombreux Africains, esclaves rachetés, prisonniers de guerres, mercenaires ou simples recrues. À titre d'exemple, en 1890, la colonne de 3600 hommes qui permet à Archinard de prendre Ségou ne compte que 50 Européens. A. Isaacman, cité par Mazenot, rapporte que les armées portugaises combattant dans la vallée du Zambèze en 1902 furent composées de recrues africaines à plus de 90 %[323]. Ironiquement, pour l'essentiel, ce sont des Africains qui ont assuré la conquête de leur continent... pour le compte des puissances impériales. Savaient-ils ce qu'ils faisaient?

L'évocation des motifs ayant amené les Européens à privilégier le recrutement local en Afrique suggère de s'intéresser en même temps aux raisons qui poussaient les Africains à s'enrôler dans les armées coloniales. Ces raisons, bien entendu, ne peuvent être que multiples au regard de la diversité de contextes, comme le montre ce passage de Joly[324]:

> Nombreux sont ceux qui sont des combattants professionnels que la fortune des armes a abandonnés et qui cherchent un nouvel employeur. En revanche, d'autres n'ont de volontaires que le nom.Ce sont des jeunes gens choisis par les chefs de village parmi les captifs ou les trublions ou parmi ceux dont les familles veulent se débarrasser pour toutes sortes de raisons.

322. *Ibid.*, p. 177.
323. A. Isaacman, cite par Mazenot, *op. cit.*, p. 318.
324. Joly, *op. cit.*, p. 110.

Pour l'accepter, les jeunes Africains devaient avoir perçu dans l'enrôlement au sein des armées coloniales des avantages bien réels :

> Quelles que soient leurs origines, les tirailleurs bénéficient d'un certain nombre de gratifications susceptibles d'attirer vers le métier. La première est la solde et les avantages en nature dont une alimentation garantie et relativement abondante ce qui, dans des sociétés qui connaissent des disettes fréquentes, n'est certainement pas négligeable[325].

À ces avantages s'ajoutent d'autres, toujours selon Joly qui cite tout d'abord la participation au pillage des vaincus, une pratique que les Français autorisaient en Afrique alors qu'elle était déjà interdite en Europe, puis le prestige que conférait à de jeunes Africains le métier de militaire[326].

Les recrutements locaux sont une pratique générale à laquelle se livrent autant les Français que les Britanniques, les Allemands, les Portugais et les Belges. Pire, à la fin du XIXe siècle, ces recrutements locaux se feront sur la base d'une raciologie qui accorde des qualités militaires présumées à des ethnies plus qu'à d'autres. Les puissances impériales recourent donc à ce qu'il est convenu d'appeler avec Joly une véritable « ethnologie » militaire[327]. L'idée consiste à trouver, parmi les populations africaines, des « races guerrières ». Ce sont des ethnies reconnues guerrières sur la base de quel-

325. *Ibid.*
326. *Ibid.*, pp. 110-111.
327. *Ibid.*, p. 107.

ques stéréotypes. Au besoin, on fera exister des ethnies qui répondent à ces stéréotypes-là[328]. Ainsi en est-il de la création de l'ethnie bambara qui donnera aux Français les tirailleurs bambara; ainsi en est également de l'invention de l'ethnie bangala qui donnera aux Belges les guerriers bangala[329]. Il en résulte que dans le processus de recrutement des armées une place de choix est laissée aux candidats issus de ces ethnies dites guerrières.

Côté africain, la situation évidemment n'est pas vécue de la même manière. Il faut résister à un envahisseur puissant, mais avec des moyens militaires somme toute faibles. En Afrique de l'Ouest, lorsque le célèbre résistant El Hadj Oumar Tall lance son djihad depuis Dinguiraye (dans l'actuelle Guinée) en 1850, il commence à peine à équiper ses combattants avec des armes légères reçues des trafiquants britanniques de Sierra Leone. C'est ainsi équipés qu'El Hadj Oumar et les siens devront affronter l'armée française en Sénégambie et au Soudan occidental, une armée française qui depuis 1857 est dotée du redoutable fusil à canon rayé qui tire avec précision une balle allongée[330].

---

328. Des auteurs soutiennent l'idée selon laquelle les ethnies africaines présentes sont des créations coloniales. À ce sujet, on peut lire avec profit le collectif sous la direction de Jean-Loup Amselle et Elikia M'Bokolo *Au cœur de l'ethnie : ethnies, tribalisme et état en Afrique*, Paris, La Découverte, 1985, 225 p. Bien que cette position soit loin de faire l'unanimité, on peut néanmoins s'entendre sur le fait que les colonisateurs européens ont conféré aux ethnies africaines des contours et des significations qu'elles n'avaient pas. Lire à ce sujet d'Olivier M. Mbodo «Violences ethniques en Afrique », dans *Relations*, numéro 715. mars 2007, pp. 32-34.
329. Van Reybrouck, *op. cit.*, p.96-97; voir aussi 254-255.
330. Joly, *op. cit.*, p. 92.

Ailleurs en Afrique noire, l'équipement des résistants n'est guère meilleur, selon les récits des explorateurs européens du XIXe siècle : ici des armes européennes en faible quantité, peu fiables ou dont on se sert mal, là on guerroie encore avec des armes traditionnelles. Les Africains ne disposaient pas de la technologie pouvant permettre de copier les armes modernes ni de réparer celles qu'elles avaient en mains[331]. S'il est vrai que des Africains avaient quelquefois des armes à feu, la pénétration de celles-ci en Afrique noire n'a été ni massive ni rapide[332].

Comment aurait-il pu en être autrement ? Parmi les raisons de cette pénétration lente et non massive d'armes à feu, Mazenot relève le fait que dans la partie orientale du continent, les traitants afro-arabes n'encourageaient pas la diffusion d'armes à feu auprès des indigènes, armes dont ils se réservaient l'usage. Il relève également le fait que les Africains ont manifesté de la réserve, de la grande prudence envers ce nouveau type d'arme, tant son utilité laissait à désirer : « [[C]'est un fait que les fusils de traite n'étaient pas d'une grande efficacité [...][333]. » Le son de cloche est le même pour Joly qui relève que :

> [l]es armes à feu ont été introduites au XVIIe siècle mais elles ne se généralisent que tardivement et coexistent jusqu'à la fin du XIXe siècle avec les armes de jet traditionnelles. Ceci s'explique sans doute par la médiocre qualité de ces armes. L'Afrique est un marché pour celles dont les

331. *Ibid.*, p. 33.
332. Mazenot, *op. cit.*, p. 258.
333. *Ibid.*

> armées européennes n'ont pas l'usage. Les fusils à pierre qui sont vendus en masse après les guerres napoléoniennes sont souvent défectueux : les balles sont rarement calibrées et la poudre mal dosée, ce qui provoque de nombreuses explosions[334].

Non seulement les armes à feu à la disposition des Africains étaient peu efficaces, leur usage pouvait devenir dangereux pour les utilisateurs comme Joly l'atteste dans la conquête du Sénégal par les forces françaises : « Du côté africain, on ne dispose que du fusil à silex dont l'usage peut se révéler dangereux si, comme les *tiedo*[335] du Sine, on bourre le canon de projectiles divers pour faire le plus de dégâts possible[336]. »

Ajoutons à ces considérations que l'infériorité des moyens militaires africains s'explique également par des dispositions arrêtées par les puissances impériales qui, à l'instar de la Convention de Bruxelles signée le 2 juillet 1890, comportent entre autres mesures la limitation de l'importation d'armes au profit des indigènes d'Afrique.

Le manque d'armes de qualité n'est pas, tant s'en faut, le seul problème dont souffraient les armées des résistants africains. Leur faisaient également défaut la discipline et les techniques de combat modernes. Dans ce contexte, l'issue des guerres coloniales en Afrique noire a été, sans surprise, la victoire des conquérants et la défaite des résistants africains. Les quelques rares victoires africaines sur les forces coloniales ont été sans

334. Joly, *op. cit.*, p. 79.
335. Les tiédos sont les guerriers des anciens royaumes du Sénégal.
336. Joly, *ibid.*, p. 92.

lendemains. Ni l'éclatante victoire des Éthiopiens face aux Italiens ni celle, étonnante, des Zoulou devant les Anglais ne permirent de faire douter réellement les Européens.

Le moins qu'on puisse dire est que les guerres coloniales menées en Afrique ont été meurtrières, même si les historiens qui les étudient ne sont pas toujours loquaces sur les effectifs des victimes. Il est impossible ici de faire le tour de différentes guerres coloniales menées en Afrique noire tout au long du XIXe siècle. Dans ces guerres, on distingue généralement deux phases : la conquête proprement dite, suivie de la pacification, quoique la ligne de démarcation entre les deux ne soit jamais tout à fait claire. Pour notre propos, nous allons nous limiter à l'étude de ces deux phases depuis le début de la conquête jusqu'à la fin de la Première Guerre mondiale.

3.1. Les guerres de conquête

Les Africains ne sont pas restés les bras croisés devant la conquête armée du continent. Ils ont offert de la résistance, dans des contextes divers et pour des raisons différentes. D'autre part, la lecture des cas de résistance armée à la pénétration européenne en Afrique laisse entrevoir qu'elle a été souvent le fait de figures fortes.

3.1.1. Les raisons de la résistance à la conquête coloniale

Reprenant la typologie de J. Chesnaux sur les résistances en Asie orientale, Joly dit en retrouver trois en Afrique au moment de la conquête : les mouvements de souverains dépossédés de leur autorité par la conquête coloniale, les soulèvements spontanés en campagne et, enfin, les résistances d'origine religieuse[337]. Si dans cette typologie appliquée à l'Afrique deux mobiles sont apparents, à savoir le politique et le religieux, il ne serait pas faux d'y ajouter le mobile économique : «[...] il serait difficile, écrit Mazenot, de nier qu'avec la conquête et la domination coloniales, les rapports anciens entre marchands africains et marchands européens ont fini par se désagréger au détriment des premiers[338]». Dans la même veine, Ki-Zerbo mentionne que les premiers à résister à l'intrusion européenne de la fin du XIXe siècle étaient les chefs et les minorités pour qui l'intrusion européenne était une menace directe à leurs intérêts[339]. Ainsi en est-il de Rabah (vers 1842-1900), ce seigneur de guerre et trafiquant d'esclaves qui combattit les Français à Kousseri (Tchad) en 1899. Des gens comme Rabah avaient tout à perdre de l'arrivée du nouvel ordre ; son commerce était voué à disparaître si jamais les Français parvenaient à établir leur domination. Ainsi en est-il également des trafiquants afro-arabes qui régnaient dans la partie orientale du Congo. Ils apprirent avec une grande appréhension la naissance de l'État Indépendant du Congo

337. Joly, *op. cit.*, p. 136.
338. Mazenot, *op. cit.*, p. 332.
339. Ki-Zerbo, *op. cit.*, p. 415.

de Léopold II. Ils ont compris que la colonisation du Congo mettrait fin à leurs activités, cela d'autant plus que Léopold II, afin de dissimuler sa rapacité, s'était fait le champion de l'abolitionnisme en Afrique centrale. Devant la mort annoncée de leurs activités, il fallait s'attendre à ce que les négriers opérant dans l'est du Congo livrent une chaude résistance :

> La lutte contre les négriers au Congo oriental fut difficile, note Van Reybrouck, car ils étaient armés et puissants et avaient une grande expérience de la guerre dans la région. En 1886, ils avaient attaqué le poste de l'État de Stanley Falls[340].

On peut ajouter que la lutte contre les négriers au Congo oriental fut difficile non seulement parce que ces derniers était armés et puissants, mais surtout parce qu'ils étaient déterminés. Ils n'avaient rien à perdre. Que pensez-vous qui arriva ? Et Van Reybrouck de répondre :

> Pour calmer les esprits, Stanley, avec l'accord de Léopold, avait nommé Tippo Tip gouverneur de la province dépendant de ce poste, simplement parce qu'il était l'homme le plus puissant de la région[341].

Devant la détermination de Tippo-Tip et son hostilité, Léopold II préfère acheter la paix. Cet exemple illustre bien le poids du mobile économique dans les résistances africaines. Un peu plus loin, Van Rebrouck poursuit :

340. Van Reybrouck, *op. cit.*, p. 100.
341. *Ibid.*

> Les intérêts économiques des Européens et des Zanzibarais étaient tellement opposés qu'ils ne pouvaient aboutir qu'à une confrontation, d'autant que l'offre d'ivoire diminuait constamment[342].

Si les résistances africaines s'expliquent, nous venons de le voir, par des raisons politiques, religieuses et économiques, nous voulons pour notre part insister sur une chose : dans les faits, il était rare qu'une seule des trois dimensions vues rentre en ligne de compte. Souvent, deux mobiles voire les trois étaient associés, comme nous allons le voir à travers quelques exemples dans les lignes suivantes.

3.1.2. **Les figures de la résistance armée**

La résistance à la phase de conquête a été, dans de nombreux cas, le fait de figures fortes, c'est-à-dire des souverains à la tête d'États structurés, peu importe que ces derniers fussent de création récente ou ancienne. En général de tels États possédaient un appareil militaire bien rôdé[343].

Le mobile religieux pendant la phase de conquête s'observe notamment en Afrique de l'Ouest, où la conquête coloniale intervient dans un contexte de révolution islamique. Au XIXe siècle, des Africains à la tête de groupes armés mènent

342. *Ibid.*, pp. 100-101.
343. Quoique Mazenot (*ibid.*, p. 314) rappelle que des groupes sociaux segmentaires ont eux aussi résisté à la présence européenne. Plus loin (p. 321), il évoque des ethnies « isolées au centre du continent », qui n'avaient jamais eu de contact avec les Blancs auparavant et qui « manifestèrent leur hostilité » à la présence des premiers Européens pourtant en petit nombre et « sans intention belliqueuse ».

la guerre sainte (djihad) dans les territoires alentours afin de les convertir à l'islam. Tel est El Hadj Oumar Tall (entre 1794 et 1797-1864) que nous avons déjà nommé. Oumar reçoit tout d'abord une solide instruction religieuse dans sa famille, formation qu'il complète par des voyages. En 1836, de retour d'un long voyage à la Mecque d'où il revient avec les titre d'El Hadj[344] et de khalife[345] de la confrérie Tidjania pour le Soudan, El Hadj Oumar amorce son djihad en 1850. Parti de Guinée, il fonde un vaste empire musulman, l'empire Toucouleur, qui dominait tout le haut Niger et s'étendait sur une large partie du Mali actuel. Son expansionnisme coïncide avec celui que les Français mènent depuis la colonie du Sénégal. Les deux projets ne pouvant être qu'antagonistes, El Hadj Oumar combattra alors les troupes coloniales françaises.

Si la raison de la résistance d'El Hadj Oumar est au départ religieuse, on le voit, le mobile politique demeure présent. Il voulait se donner un empire.

Lat Dior (1842-1886), s'oppose lui aussi à la pénétration française en Afrique de l'Ouest, mais pour des motifs essentiellement politiques. Malgré les habiles manœuvres des Français pour l'en empêcher, Lat Dior devient en 1871 le damel (roi) du Cayor. Il s'opposera au projet de construction du chemin de fer Dakar-Saint-Louis en quoi il voyait le désir des Français de

344. El Hadj : titre honorifique conféré à un musulman qui a accompli le pèlerinage à La Mecque.
345. Khalife ou calife : titre porté, à l'origine de l'islam, par les successeurs du prophète. Le khalife, dont l'autorité s'étend sur un califat, est le dirigeant de l'oumma, c'est-à-dire la communauté des musulmans. À ce titre, tout musulman lui doit obéissance.

s'établir de façon durable et en maîtres dans la région. Dans ce cas-ci, ce sont les mobiles politiques et économiques qui semblent déterminer la résistance.

Samory Touré (1830-1900) est une figure de résistance d'une très grande envergure. Les mobiles de son action sont avant tout politiques, mais la motivation religieuse n'est pas à exclure. La résistance de Samory démarre véritablement à la mort d'El Hadj Oumar en 1864. À la disparition de cette grande figure de la résistance, plusieurs parmi ses proches combattants se lancent dans la création des États dont ils seraient les chefs. C'est dans ce contexte de l'après Oumar qu'en 1867, Samory ambitionne lui aussi de fonder son propre État. Il est conscient que son expansion au Soudan le mènera à croiser le fer avec les Français. À Sanankoro dans les hautes terres guinéennes, il se met à moderniser son armée. En 1876, il importe des fusils à chargement par la culasse grâce à la colonie britannique du Sierra Léone. En 1887, il dispose d'une armée disciplinée et moderne qui compte près de 35 000 fantassins regroupés en pelotons et en compagnies. Il dispose aussi de 3000 cavaliers. Effrayés, les Français cherchent à l'affaiblir en exploitant la révolte des tribus animistes qui lui étaient soumises.

Samory parvint à son objectif de créer à la frontière de la Guinée et du Mali actuels un empire mandingue, l'empire Wassoulou. Mais celui-ci sera détruit par l'armée coloniale française après une existence éphémère (1878-1896). Samory fut vaincu non sans avoir donné du souci aux Français.

Au-delà des différences, ces premiers exemples ouest-africains montrent que là où il y avait des États structurés, avec à leur tête des figures fortes, même de création récente, les Africains opposèrent une résistance armée à la pénétration coloniale européenne au XIXe siècle. Dans de tels États, la raison politique paraît à ce point prépondérante. Les États africains de création récente devaient craindre que l'invasion coloniale ne les réduisît en mort-nés. Du côté des États plus anciens, on redoutait plutôt la remise en cause de leur souveraineté, tel qu'on peut le voir dans la résistance ashanti face aux Anglais en Côte de l'or. On le voit également dans la résistance du Dahomey face à l'armée coloniale française. La résistance des États structurés à la pénétration coloniale était une question de vie ou de mort.

Il est vrai que là où des États puissants s'étaient soumis des groupes sociaux plus faibles, ces derniers ont pactisé volontiers avec les puissances coloniales qui de ce fait devaient les libérer de la tutelle du voisin. Les Anglais volèrent au secours des Fanti soumis par les Ashanti. Le Porto-novo demanda et obtint la protection de la France pour se soustraire de la domination du Dahomey. Dans le Congo oriental, ceux qui étaient dominés par les puissants et riches trafiquants afro-arabes ont vu dans les Belges des libérateurs. En Afrique du sud, les tribus conquises par les Zoulous dans le Mfecane ont collaboré volontiers avec les Anglais et les Boers. On peut imaginer que cette collaboration des groupes dominés a contribué à faciliter la victoire des conquérants européens[346]. Mais il n'empêche que pour les États africains structurés, l'incompré-

346. Lire Mazenot, *op. cit.*, pp. 323 à 326.

hension était totale face à cette agression d'un nouveau genre : ils ne comprenaient pas au nom de quoi ils devaient perdre leur souveraineté. Cette incompréhension, nous la retrouvons dans les mots de Béhanzin, le roi du Dahomey aux prises avec la puissante armée coloniale française : « Est-ce que j'ai été quelques fois en France faire la guerre contre vous ?[347] » Cette question montre que Béhanzin parle en termes rationnels, qu'il trouve que ce qui lui arrive est en rupture de logique : on ne se connaît pas vous et moi, je ne suis pas votre voisin, je n'ai jamais eu de différend avec vous, alors d'où vous vient l'idée de me supprimer ? Au nom de quoi venez-vous vous mêler de mes affaires ? Qui êtes-vous, d'où venez-vous et pourquoi venez-vous ici ? Ce raisonnement logique, le conquérant ne veut pas l'entendre ; il y oppose sa raison à lui qui n'est que violence.

La résistance armée à l'invasion coloniale s'observa également ailleurs. En Afrique orientale, le Soudan est le théâtre d'une résistance armée connue sous l'appellation de « guerre des Mahdistes ». Entre 1881 et 1899, au Soudan, le mouvement dirigé par Mohamed Ahmed El Mahdi[348] s'oppose aux forces anglo-égyptiennes dirigées par Gordon Pacha. Ce dernier est tué le 26 janvier 1885 par l'avancée mahdiste à Karthoum. Les Anglais, dans une guerre qui prenait les allures d'une vengeance infligèrent la défaite aux Mahdistes.

En Afrique australe, la résistance armée devait provenir d'au moins deux royaumes : le royaume zoulou et le royaume

347. Béhanzin, le roi du Dahomey, dans Mazenot, *ibid.*, p. 343.
348. Les Mahdistes cherchaient à créer au Soudan un émirat islamiste indépendant.

matabélé. Les Zoulous du roi Cetshwayo ont une première occasion de tenir tête aux troupes coloniales anglaises. En 1877, Sir Henry Bartle Frere est envoyé au Cap en qualité de haut commissaire de l'Empire britannique. Il est chargé d'unifier les colonies sud-africaines, les républiques boers et les royaumes africains d'Afrique du sud en une confédération unique dirigée par le gouvernement du Royaume-Uni. Frere découvrit que parmi les obstacles à son projet figuraient le royaume zoulou et son armée créée par le terrible Chaka. Partisan d'une politique agressive, Frere envoie en décembre 1878 un ultimatum à Cetshwayo, qui, s'il était observé, aboutirait à la fin du royaume zoulou. Devant le refus de Cetshwayo, Frere prit la décision d'envahir le royaume récalcitrant. Mais en janvier 1879, à la bataille d'Isandhlwana, les Zoulou infligent une cinglante défaite aux Britanniques. Cependant la victoire zoulou fut de très courte durée. Les Anglais lavèrent l'affront très vite et s'imposèrent définitivement, signant ainsi la fin du royaume zoulou.

Quant au Matabélé, sa conquête par les Anglais fut pour le moins dramatique. On ne peut même pas parler de résistance. Pourtant les Ndébélé de Lobenguéla disposaient d'une armée d'au moins 20 000 hommes. De plus, dans le cadre d'un traité de protectorat avec les Anglais signé le 11 février 1888, le roi Lobenguéla parvint même à obtenir des Anglais, outre une rente mensuelle perpétuelle de 100 livres sterling, la livraison d' un millier de fusils de guerre de type Martini-Henry, avec munitions[349]. Lorsque Lobenguéla, se sentant floué, annule l'entente, les forces anglaises envahissent le Matabéléland et

349. Mazenot, *op. cit.*, p. 353.

obtiennent la soumission de son roi et de ses chefs sans que l'armée ndébélé ne tire un seul coup.

Après ce bref tour d'horizon, faisons le point sur les résistances armées africaines à la pénétration européenne à la fin du XIXe siècle. Des entités politiques structurées, qui avaient à leur tête des figures fortes, ont opposé une résistance armée aux troupes coloniales impériales devant ce qu'elles ont dû percevoir comme une entreprise d'usurpation de leur souveraineté. Il faut bien parler de guerres. Il s'agissait, côté africain, de guerres de résistance. Mais la puissance de feu des conquérants a été telle qu'elle a brisé la résistance des Africains qui dès lors furent soumis, comme les chefs kôdè eurent à le reconnaître de la manière on ne peut plus pathétique en 1912 : « Les Blancs sont plus forts que nous, nous en sommes maintenant sûrs et nous acceptons de faire tout ce qu'ils commanderont…[350] »

Alors quel impact la phase de conquête a-t-elle eu sur la démographie africaine ? Nous ne disposons pas du bilan de victimes des guerres coloniales en Afrique ni dans leur ensemble ni dans la phase proprement dite de conquête. S'il est admis que les guerres de conquête et les résistances africaines qu'elles ont suscitées ont été moins meurtrières que les violences de la phase de pacification[351], il ne faut pas les sous-estimer pour autant. Nous pouvons spéculer sur le fait que les victimes africaines étaient loin d'être négligeables. Au moins pour deux raisons. Premièrement, l'écart de moyens mili-

350. Th. Weiskel, *French Colonial Rule and the Baule People*, Dans Joly, *op. cit.*, p. 132.
351. Joly, *ibid.*, p. 21.

taires entre les deux camps était tel qu'on peut aisément imaginer qu'à l'issue de chaque engagement, les pertes en vies humaines étaient importantes côté africain. Rappelons-le, l'invasion coloniale de l'Afrique coïncida – et ce n'est pas un hasard du calendrier – avec d'importantes innovations de moyens de guerre à la fin du XIXe siècle. Nous avons évoqué l'invention de la mitrailleuse Maxim, arme redoutable que seules les forces armées européennes détenaient. Mais il y a eu d'autres innovations encore, à l'avantage des Européens, comme le note Joly :

> Ces guerres [de conquête] ont été facilitées par une marine qui connaît une profonde transformation depuis le milieu du XIXe siècle. On est entré dans l'ère de la vapeur et du blindage pour des navires dotés d'une artillerie toujours plus puissante[352].

Au côté des moyens militaires européens, ceux des Africains semblaient donc dérisoires. Sans compter, que les Africains avaient du mal à s'adapter dans un contexte de guerres modernes[353]. Ainsi, là où les chiffres existent, ils montrent que pour l'essentiel les victimes des guerres de conquête étaient africaines. Mazenot cite l'historien néerlandais Henri Wesseling qui rapportait qu'en 1893, trois Blancs munis de fusils Maxim américains tuèrent près de Bulawayo huit cents Matabélé[354]. Lors de la « Guerre des Mahdistes », à Omdurman au Soudan, l'armée anglo-égyptienne fit onze mille victimes dans les rangs ennemis en perdant à peine 40 hommes[355].

352. *Ibid.*, p. 97.
353. *Ibid.*, p. 34.
354. Henri Wesseling, cité par Mazenot, *op. cit.*, p. 318.
355. Joly, *op. cit.*, p. 33.

C'est que, au cours de cette bataille, les Anglais étaient équipés entre autres de la mitrailleuse Maxim, l'arme que Winston Churchill, prenant part aux combats, qualifiait de «plus remarquable triomphe jamais remporté par les armes de la science sur les barbares[356]».

Deuxièmement, pour compenser la faiblesse de leurs moyens militaires les Africains avaient recours au grand nombre, c'est-à-dire à «une mobilisation complète de leurs moyens et de leurs populations…[357]». Une telle stratégie devait augmenter la vulnérabilité des combattants africains. En se présentant en foules devant les redoutables armes européennes, on n'a pas à se faire d'illusions sur les résultats.

De plus, puisqu'il s'agissait de guerres, on peut imaginer des dommages collatéraux. Surtout que, fait remarquer Mazenot, les Africains combattant dans les armées coloniales brillaient aussi par leurs excès «dans des campagnes menées "*à l'africaine*", c'est-à-dire au cours desquelles les approvisionnements étaient prélevés sur le pays, par la force le cas échéant, réquisitions d'autant plus massives que les «*effectifs*» comprenaient nombre de "*domestiques*" et de femmes accompagnant les soldats…[358]». En assurant l'approvisionnement des troupes et de leurs accompagnants par des prélèvements de nourriture dans les pays, est-il exagéré de dire que ces guerres ont aggravé la famine, car nous avons affaire à des régions qui connaissaient souvent la disette. On peut dès

356. Henri Wesseling, cité par Mazenot, *op. cit.*, p. 318
357. *Ibid.*, p. 32.
358. Mazenot, *ibid.* , p. 319-320.

lors raisonnablement spéculer sur le fait que les guerres coloniales et les famines qu'elles ont occasionnées ont poussé la morbidité et la mortalité à la hausse.

Quels qu'aient été les chiffres exacts des victimes de la résistance armée aux conquêtes coloniales ; même si de toute évidence ces chiffres ne peuvent pas se comparer à ceux de conflits européens à la même époque, ils sont à prendre pour ce qu'ils sont, c'est-à-dire qu' « ils doivent être appréciés par rapport aux populations africaines démographiquement fragiles et ils expliquent en partie l'effondrement des États qui les subissent[359] ». Toutes ces victimes étaient déjà en elles-mêmes de trop. Car il faut bien y ajouter les victimes des guerres interafricaines à la même époque, notamment celles relatives à la révolution islamique en Afrique occidentale, très coûteuses en vies humaines[360].

Pourtant, le pire était encore à venir. En effet, la phase qui succéda la conquête, phase dite de pacification a été, comme nous allons le voir, davantage meurtrière. Au cours de cette période qui s'étendra jusqu'à la fin de la Première Guerre mondiale, les armées coloniales vont faire preuve de barbarie pour éradiquer toute velléité de contestation.

359. Joly, *op. cit.*, p. 33.
360. Entre 1852 et 1864, le *jihad* mené par El Hadj Oumar et poursuivi par son fils Ahmadou a fait 130 000 morts.

3.2. La pacification meurtrière de l'Afrique

Dans leur pénétration en Afrique à la fin du XIXe siècle, les puissances européennes, nous l'avons vu, ont remporté une victoire militaire éclatante. Les résistances africaines de la première phase ont été vaincues. Les Africains reconnurent, à l'instar des chefs Kôdè que les Blancs étaient plus forts et qu'ils acceptaient dès lors de se soumettre aux nouveaux maîtres. Tout n'était pas terminé pour autant. Au cours de la nouvelle phase qui s'ouvrait, les Africains allaient, par moments, faire preuve d'insubordination. Tout se passe comme si la résistance n'avait fait que changer de nature. Finies les guerres de résistance, place à des résistances plus subtiles ; on entrait plutôt dans une logique d'usure du pouvoir colonial : des révoltes populaires par-ci, des petits incidents par-là. Mais, cette volonté de résistance, les Africains la payèrent cher. Le prix se compta en effroyables expéditions punitives.

3.2.1. La barbarie comme moyen de pacification

Une fois que les armées coloniales ont brisé les résistances armées africaines, les colonisateurs pouvaient enfin démarrer l'œuvre de la « civilisation » des barbares. Pour leur part, les Africains vaincus acceptèrent de se soumettre aux nouveaux maîtres, mais c'était une soumission dans la méfiance. Ainsi, dans cette nouvelle phase qui s'ouvre on va assister de la part d'Africains à une multiplication d'incidents et de révoltes populaires spontanées auxquels le colonisateur va répondre par la violence. On bascule ainsi dans un engrenage, dans un cercle vicieux où l'incident provoqué par le colonisé est considéré comme une agression par le colonisateur qui y répond par une répression sanglante. Celle-ci est à son tour perçue par le colonisé comme une provocation supplémentaire du colonisateur. C'est la dialectique « agression-répression » dont parle Mazenot et qu'il retrouve dans les récits des premiers moments de la colonisation :

> Il y est question, écrit-il, de la punition infligée par les Blancs à ceux qui les ont attaqués, de la vengeance des mêmes exercée après la destruction de leurs installations, ou les mauvais traitements infligés à l'un des leurs, voire son assassinat ; tous ces comportements agressifs, de même que le non respect des traités signés, méritent de sévères « leçons » qui seront suivies le plus souvent de nouvelles « agressions »... L'engrenage est lancé sur le terrain[361].

Dans cet engrenage, le colonisateur adopte une pédagogie musclée en guise de dissuasion ; il ne s'agit pas pour lui de rendre coup pour coup, mais de réagir de manière disproportionnée. Pour un des siens tué, c'est tout un village qui sera supprimé par l'expédition punitive. On ne cherchera pas à punir l'auteur de l'incident seul ; la punition ne sera pas individuelle, mais collective. Cette pratique de la barbarie est générale, dans ce sens qu'on la retrouve chez tous les colonisateurs présents en Afrique. Les Français l'introduisent en Afrique de l'Ouest après l'avoir expérimentée en Algérie :

361. Mazenot, *op. cit.*, pp. 315-316.

> En appliquant le modèle de Bugeaud, écrit Joly, les Français introduisent [au Sénégal] un nouveau type de guerre dans lequel ils associent appropriation et destruction à une échelle sans doute inconnue auparavant. Rendant compte de la campagne de février 1855, Faidherbe brosse un tableau terrible des opérations : « Nous avons brûlé plusieurs villages riverains de la Taouey, pris 2000 bœufs, 30 chevaux, 50 ânes, fait 150 prisonniers, tué 100 hommes, brûlé 25 villages. »[362]

Mais Faidherbe, le créateur du Sénégal, ne s'arrête là ; il instruit sur la notion de la responsabilité qui désormais doit devenir collective :

> Le nouveau gouverneur, poursuit Joly, insuffle l'esprit qui prévaut en Algérie en matière de responsabilité : « Si un pillage est commis par les habitants d'un village, tout le pays auquel appartient le village en est responsable et doit s'attendre à toute espèce de représailles de notre part. » Sérères et Wolof font ainsi connaissance avec un principe de base du maintien de l'ordre colonial : la responsabilité collective[363].

Pour en arriver-là, cette barbarie repose minimalement sur le principe selon lequel le colonisé est un sous-homme. Ce principe était déjà au cœur de la traite, il se poursuivit dans la colonisation. Cependant, la continuité de ce principe de la traite à la colonisation ne va pas sans poser problème ; elle ne laisse de surprendre. Car entre la traite et la colonisation, il a semblé s'être passé quelque chose. Dans l'entre-deux, les Européens

362. Joly, *op. cit.*, pp. 88-89.
363. *Ibid.*

semblaient avoir vu le mal. Après trois siècles de traite atlantique, les Européens avaient semble-t-il décidé de prendre de la hauteur. Ils ont compris que la traite était un mal, qu'elle était *le* mal. Il y a eu notamment la Révolution française et ses nobles idéaux. Les Européens avaient pris conscience de ce qu'il n'y avait pas de sous-hommes. Les Anglais sillonnèrent les mers du monde pour traquer les derniers trafiquants qui se livraient encore au commerce éhonté qu'était la traite des Noirs. Les Américains supprimèrent l'esclavage et du coup maîtres et esclaves devenaient (théoriquement) égaux. Le roi Léopold II de Belgique s'émut lui aussi, il s'octroya son État à lui au cœur d'Afrique afin de délivrer ces pauvres âmes de la barbarie des trafiquants afro-arabisés. Que s'est-il passé donc pour que dans les faits la colonisation considère encore et toujours ces Africains comme des sous-hommes ? On était déjà au XXe siècle.

Outre ce premier principe décrit, la barbarie trouve sa justification dans deux choses intimement liées et qui toutes deux sont attachées à la mission civilisatrice : 1) la nécessité morale d'imposer la mission civilisatrice et 2) la conviction que cette dernière ne peut être imposée que par la force. Pour en arriver là, c'est que la vie sociale des indigènes a pu être perçue comme une totale anarchie, de la violence sans fin. D'où l'idée d'y mettre un terme, d'où aussi l'idée d'user de la force. Pour s'en convaincre, le colonisateur va produire un discours justificatif, où l'indigène est dépeint comme quelqu'un d'irrémédiablement « violent et imprévisible », dit Joly, avant de poursuivre :

> Ce cliché à l'étonnante pérennité, s'accompagne d'une débauche de descriptions de massacres, tous plus horribles les uns que les autres, qui seraient le fruit d'un indéracinable atavisme. Dès lors, l'usage de la violence pour imposer la paix se trouve justifié[364].

Toute la différence entre les phases de conquête et de pacification est là. La conquête, en dépit de ses excès, opposait des armées coloniales à des résistances africaines structurées. Malgré le déséquilibre des moyens militaires que nous avons décrit, c'était somme toute la guerre des armées coloniales contre des armées de résistance. Pour sa part la pacification est une « guerre totale », pour emprunter l'expression à Joly[365]. Dans la pacification, l'ennemi désigné des armées impériales était collectif. Il fallait réduire à néant une collectivité entière : rebelles, sympathisants de rebelles, indifférents, femmes, enfants, animaux, récoltes, tout donc. Il s'agit ici de parvenir à une domination totale par la barbarie et la terreur.

La Côte d'Ivoire est l'exemple qui vient spontanément à l'esprit lorsqu'on évoque la pacification à la française. C'est en 1893 que la Côte d'Ivoire devient officiellement une colonie française. Son premier gouverneur, le capitaine Binger préconise tout d'abord une pénétration en douceur contrairement à d'autres colonies où la pénétration française a été accompagnée de violence. Quelques années plus tard, les Français constatent l'échec de cette approche : la colonie est en proie à des révoltes de plus en plus fréquentes, notamment en pays baoulé. Un nouveau gouverneur en la personne de Gabriel

364. *Ibid.*, p. 113.
365. *Ibid.*, p. 201.

Angoulvant est nommé en 1908. Angoulvant est partisan de la méthode forte, de la violence presque aveugle, pour briser la résistance. Il est persuadé qu'on ne peut parvenir à l'ordre que par la barbarie. Joly rapporte la manière dont Angouvant décrit l'action qu'il attend de chaque colonne militaire :

> Chaque engagement doit être durement mené car « la sévérité du châtiment doit hâter la soumission ». Pour cela, il ne faut pas hésiter à détruire les récoltes, les plantations de cultures vivrières et à n'épargner que les arbres à croissance lente[366].

Le résultat de l'application d'une telle méthode ne laisse pas planer de doute. L'ordre colonial fut effectivement établi dans la colonie de Côte d'Ivoire et les Baoulés soumis. Mais cette réussite d'Angoulvant, les Baoulés la payèrent cher :

> C'est en affamant les Baoulé [sic] qu'il les a soumis, en détruisant leurs récoltes d'igname qu'il a pu obtenir leur reddition. Il les a durablement ruinés en imposant des amandes de guerre considérables et il les a désorganisés lorsqu'après avoir détruit leurs villages et leurs campements de brousse, il les a contraints à s'installer à proximité des routes[367].

Si face à l'insoumission des Baoulés les Français ont fait usage de la violence de manière particulièrement dégoûtante, ils ne détiennent pas le monopole de la barbarie coloniale. Placés dans des circonstances équivalentes et à la même époque, les autres puissances impériales n'ont pas été plus gentilles

366. *Ibid.*, pp. 130-131.
367. *Ibid.*, p. 132.

envers les indigènes. Au cours de la Seconde Guerre des Boers (1898-1902), les Britanniques inventent en Afrique du sud le modèle de camps de concentration que l'on connaîtra dans les conflits ultérieurs du XXe siècle. Tel qu'imaginé par les Britanniques, un camp de concentration correspond à une zone de rétention fermée, entourée d'une première clôture grillagée qui elle-même est entourée d'une seconde clôture faite de rangs de fils de fer barbelés. C'est également au cours de la Seconde Guerre des Boers que pour la première fois est appliqué, par les Britanniques toujours, le principe « de la déportation et de l'internement de populations entières », c'est-à-dire sans distinction de sexes ni d'âges. Il y eut en Afrique du sud 45 camps pour l'internement des Boers et 64 camps pour celui des Noirs. La bilan de ces camps est le suivant : 25 630 Boers furent déportés à l'étranger et 27 927 Boers morts de faim et de maladies, dont 22 074 avaient moins de 16 ans. Le nombre de Noirs morts dans ces camps varie selon les sources, entre 13 000 et 20 000.

Dans les colonies allemandes, la répression des soulèvements populaires se veut particulièrement violente, dans ces années précédant la Première Guerre mondiale. Le massacre des Héréros par les troupes coloniales allemandes dans les Sud-Ouest africain (aujourd'hui la Namibie) entre 1904 et 1911 ressemble, à s'y méprendre, à un génocide. Il reste l'un des événements les plus mémorables de la brève expérience coloniale allemande en Afrique. En 1903, cela fait dix ans au moins que dans le Sud-Ouest Africain Hottentots Nana et Héréros jadis ennemis, semblent se découvrir un ennemi commun : les colons européens qui s'accaparent des pâturages. Alors que les Allemands étaient occupés à mâter le soulèvement nana de 1903, le 11 janvier 1904, Samuel Maharero, chef des Héréros, soulève à son tour son peuple contre les colons allemands. Au cours du soulèvement, les Héréros attaquent une garnison, sabotent le chemin de fer et les lignes de communication allemandes et tuent 123 colons européens[368].

La répression ne se fait pas attendre et elle est menée par le général allemand Lothar von Trotha. C'est le 11 juin 1904 que Trotha débarque, avec d'importantes troupes de renfort. En octobre, à la bataille de Waterberg, Trotha et ses hommes bloquent les Héréros des trois côtés, leur laissant pour unique issue le Kalahari. Mais lorsque les Héréros tentent de s'enfuir vers le désert, Trotha fait empoisonner les points d'eau et donne l'ordre de «tirer sans sommation» sur tout Héréro en vue, peu importe son sexe, peu importe son âge. L'ordre officiel d'extermination (*Vernichtungabefehl*) de Trotha est on ne peut plus clair: «Chaque Héréro trouvé à l'intérieur des frontières allemandes, armé ou non, en possession de bétail ou pas, sera abattu[369].»

En quelques semaines, des dizaines de milliers des Héréros meurent de soif et de faim dans le désert. Le nombre de victimes varie suivant les auteurs, entre 25 000 et 60 000. Les survivants furent internés dans des camps de concentration dont le modèle est emprunté aux Britanniques dans la Guerre des Boers quelques années auparavant. La moitié des prisonniers des camps y seraient morts. Alors qu'on comptait 80 000

368. Mazenot, *op. cit.*, p. 368.
369. *Ibid.*

Héréros avant le massacre, officiellement ils n'étaient plus que 15 130 dans le pays en 1911.

3.2.2. La Première Guerre mondiale et la pacification

C'est dans ce contexte d'insurrections et de répressions sanglantes dans les colonies africaines que la Première Guerre mondiale éclate. Quel impact la Grande Guerre aura-t-elle sur le cours de la pacification dans les colonies d'Afrique? La violence de la pacification allait-elle diminuer en fréquence et en intensité? Non, c'est apparemment le contraire qui se produisit. Il faut noter tout d'abord que les colonies africaines furent entraînées derechef dans le premier conflit mondial. Sur le sol africain, les combats opposent l'Allemagne au Royaume-Uni, à la France, à la Belgique et au Portugal. Les fronts suivent la dispersion des colonies allemandes et auront des durées très variables: Togo (jusqu'en août 1914), Sud-Ouest africain (jusqu'en juillet 1915), Cameroun (jusqu'en février 1916). Seul le front du Tanganyika durera pendant tout le conflit.

La Première Guerre mondiale eut des conséquences en Afrique dont c'était l'un des théâtres. Que ces conséquences aient eu des impacts sur la démographie de l'Afrique noire dans la période qui nous intéresse, voilà qui ne fait pas l'ombre d'un doute. Il faut se rappeler que sur le théâtre africain du conflit, les armées coloniales étaient très largement composées de recrues africaines, les «tirailleurs» africains. À côté des tirailleurs, il faut compter des centaines de milliers de porteurs directement engagés dans le conflit. Tirons quelques chiffres du principal théâtre africain de la Première Guerre mondiale, celui du Tanganyika.

John Iliffe note qu'à leur apogée en mars 1916 les forces allemandes comprirent 3007 Européens et 12 000 Africains et 45 000 porteurs africains[370]. Les forces britanniques dont on ignore les vrais effectifs étaient composées d'Anglais (en minorité) et de troupes d'origine indienne et sud-africaine. Elles auraient recruté quelque 403 504 porteurs africains. La Force publique belge qui comptait dans ses rangs des Belges (en minorité) et des Congolais disposait de 260 000 porteurs.

Des quatre cents mille hommes que composait la triple entente (Royaume-Uni, Belgique et Portugal) pendant la Campagne du Tanganyika, les Africains devaient se compter par centaines de milliers alors que les six cent mille porteurs étaient tous Africains. Nous ignorons combien de victimes directes la Campagne du Tanganyika fit chez les Africains. S'ajoutent à cela les victimes indirectes durant le conflit et les années suivantes, victimes dont on ne connaîtra jamais le nombre. Un missionnaire belge resté au Congo pendant la Première Guerre mondiale décrivait la société noire comme celle où « le père est allé au front, la mère a moulu le grain pour les soldats et les enfants ont apporté la nourriture au front »[371].

370. John Iliffe, *A Modern History of Tanganyka*, Cambridge, London, New York, Melbourne, Cambridge University Press, 1979, p. 243 et p. 249.

371. Wikipédia. L'encyclopédie libre. « Campagne d'Afrique de l'Est (Première Guerre mondiale) ». [E linge] http://fr.wikipedia.org/wiki/Campagnes_d'Afrique_de_l'Est_(Force_publique) page consultée le 17 mai 2013.

Van Reybrouck décrit lui aussi les conditions qu'imposait aux Congolais la Première Guerre mondiale :

> Le général Tombeur, à la tête de la Force publique, concentra d'importantes forces militaires sur la frontière orientale du Congo. Il réunit quinze mille hommes, tous équipés de fusils et des munitions. Les problèmes logistiques liés à l'acheminement de tout ce matériel au bon endroit devaient être un cauchemar. Des milliers et des milliers des porteurs se chargeaient du transport. Pour chaque soldat qui marchait au combat, il fallait environ sept porteurs. En tout, pendant les quatre années de guerre, quelque deux cent soixante mille porteurs intervinrent, sur une population d'à peine dix millions d'habitants. Beaucoup d'entre eux étaient sous-alimentés. L'eau potable était rare. On buvait dans des mares, on buvait sa propre urine. Il y avait une grande pénurie de nourriture, de tentes, de couvertures, alors que les hommes traversaient les hautes terres du Kivu où les nuits étaient fraîches. Selon certaines estimations, vingt-cinq mille porteurs sont morts[372].

Les conséquences de la Première Guerre mondiale furent importantes, notamment aux plans social et sanitaire. Les rares petits gains réalisés avant le conflit dans la lutte aux maladies endémiques furent annulés alors que les maladies d'origine européenne devenaient plus meurtrières. Quant aux timides projets sociaux, ils furent tout simplement remis à plus tard :

> Les tentatives hésitantes, écrit encore Van Reybrouck, qui visaient à améliorer le sort des indigènes à travers de meilleurs logements près des mines ou par des cam-

372. Van Reybrouck, *op. cit.*, p. 154.

> pagnes à grande échelle de lutte contre la maladie du sommeil, furent reportées indéfiniment. Au bout de quatre années épuisantes, la santé publique était redevenue très précaire. En 1918-1919, la grippe espagnole, qui fit dans le monde entier cinquante à cent millions de victimes, emporta cinq cent mille personnes au Congo[373].

Ramenés à l'ensemble de la région concernée par le front du Tanganyika, les effets négatifs de la Première Guerre mondiale ont été – nous présumons – énormes et multidimensionnels. La morbidité et la mortalité en hausse pour la région devaient ramener la croissance démographique à la baisse pendant le conflit et les années suivantes.

Si les autres fronts africains de la Grande Guerre ont duré moins longtemps, cela ne veut pas dire que ses conséquences y auraient été nulles. La Grande Guerre a affecté toutes les régions, même celles qui étaient épargnées par les combats. Un exemple parmi plusieurs qui concerne l'Afrique de l'Ouest particulièrement : la Première Guerre mondiale nécessita le recrutement massif de combattants. Il en résulta comme conséquence une multiplication de révoltes que l'autorité coloniale s'empressa de réprimer violemment. Cette période est particulièrement fertile en insubordination, car comme le note Joly au sujet de la France, celle-ci engagée dans l'effort de guerre en métropole paraît affaiblie[374]. Probablement que ce fait a mené l'autorité coloniale à être encore plus ferme face à la désobéissance indigène. En tout cas pendant cette période, les révoltes populaires sont réprimées sans état

373. *Ibid.*, p. 159.
374. Joly, *op. cit.*, p. 202.

d'âme. Après avoir mâté plusieurs révoltes au Soudan occidental, les Français sont aux prises dans le Sahara central avec la révolte fomentée par la confrérie Sanûsiyya, révolte qui durera de 1916 à 1918. Les Sanusi sont équipés d'armes modernes prises aux Italiens et tiennent tête aux Français à Agadez. Confrontés pour une très rare fois à une armée africaine menant une guerre moderne, les Français font appel à des renforts pour écraser les insurgés nomades. À Agadez, c'est un vrai nettoyage auquel se livrent les Français :

> La colonne Maurin partie de Zinder atteint la ville le 3 mars, écrit Joly. Elle s'y livre à un épouvantable massacre contre tous les hommes de la religion[375].

Pour obliger les rebelles à se rendre, des puits sont comblés et, au total 20 % de la population de l'Aïr aurait disparu entre 1913 et 1920.

Brûler des maisons, combler des puits d'eau, empoisonner des points d'eau, tuer des hommes, enlever des femmes, détruire les champs, le bétail et les réserves de nourriture pour mâter les soulèvements sont des méthodes dont la pacification s'est rendue tristement célèbre. Mais avant de clore ce chapitre, évoquons une autre source de violence dont les Africains ont fait l'objet et qui peut expliquer, elle aussi, la stagnation démographique africaine dans la période à l'étude : la violence liée à l'exploitation économique.

375. *Ibid.*

4. La violence liée à l'exploitation économique

Dans la typologie qu'il dresse de la violence coloniale, Joly évoque parmi plusieurs types la violence qui est «omniprésente dans le cadre de l'exploitation économique[376]». Ce type nous intéresse, dans la mesure où il doit avoir pesé lourd dans la stagnation démographique subsaharienne dans les premières décennies de la colonisation.

Aux yeux des puissances impériales, l'exploitation économique des colonies constitue un impératif, cela va de soi. Nous avons vu que les raisons de se doter des colonies étaient diverses, certaines étant plus «intéressées» que d'autres. Cependant, même dans le cas hypothétique où la colonisation de l'Afrique aurait été totalement désintéressée, c'est-à-dire la plus «humanitaire» possible, elle aurait tout de même eu un coût. Oui, même la mission civilisatrice seule aurait eu un coût. Or si à la fin du XIXe siècle les opinions nationales européennes accueillent plus ou moins favorablement l'idée de conquêtes coloniales, à condition cependant que cela ne coûte pas un sou aux contribuables en métropole. Il faut donc exploiter les colonies, afin que 1) elles assument le coût de leur mise en civilisation (colonisation à coût nul pour la métropole) et, 2) si possible, elles dégagent de substantiels profits transférables à la métropole. Les colonies devaient ainsi contribuer à la prospérité économique, à la stabilité sociale, à la grandeur politique et à la fierté nationale dont rêvait la métropole[377].

376. Joly, *op. cit.*, p. 22.
377. Van Reybrouck, *op. cit.*, p. 81.

L'exploitation économique des colonies va passer ainsi par la mise en place d'une série de mesures de nature économique, introduites par la contrainte, mesures que pour notre propos nous ramenons à deux types. Il s'agira d'une part de l'impôt, sous toutes ses formes, dans la mesure où son introduction a été génératrice de violence. D'autre part, nous évoquerons les travaux forcés et le portage qui eux aussi font partie de la violence coloniale relative à l'exploitation économique.

4.1. La violence liée à l'impôt indigène

L'impôt indigène, qu'il soit par case ou par capitation (par tête), se payait en nature, selon les produits les plus demandés par le marché mondial en cette nouvelle phase d'expansion des économies capitalistes (ivoire, caoutchouc) ou encore en produits vivriers. Mais le produit le plus emblématique du système au cours de la période qui nous intéresse reste le caoutchouc. Pourquoi le caoutchouc ? À l'ère du développement de l'automobile et de la motocyclette, l'invention en 1888 par l'Écossais John Boyd Dunlop du premier pneumatique à caoutchouc gonflable avait toutes les apparences d'une petite révolution. Du coup, on assiste à une envolée de la demande mondiale de caoutchouc à la fin du XIXe siècle :

> Le monde industriel se montra vite gourmand, non seulement de pneus en caoutchouc, écrit Adam Hochschild, mais de tuyaux, tubes, joints d'étanchéité et ainsi de suite, ainsi que d'isolants en caoutchouc pour les fils électriques, de télégraphe et de téléphone qui ceignirent désormais rapidement le globe. Subitement, les

> usines n'eurent plus jamais assez de ce matériau magique et son prix grimpa durant toutes les années 1890[378].

Pour les puissances impériales qui détenaient des colonies en Afrique, la nouvelle ne pouvait être plus excellente. Il suffirait que des individus fournissent le caoutchouc, beaucoup de caoutchouc et les colonies prouvaient alors leur utilité. Seulement voilà : à l'époque, c'était plutôt du caoutchouc sauvage, dont la production était une entreprise longue et très pénible à travers la forêt tropicale. Si on veut que les indigènes s'y soumettent, il faut les y contraindre. D'où l'idée de faire payer l'impôt indigène en quantité de caoutchouc collectée.

La collecte de caoutchouc dans les colonies africaines donna lieu à une véritable catastrophe où les populations indigènes furent réduites à des conditions de vie qui n'avaient rien à envier à l'esclavage dans les Amériques. La colonie la plus montrée du doigt sous ce chapitre demeure l'État Indépendant du Congo, le vaste territoire que le roi Léopold II s'arrogea au cœur du continent. Ruiné, en manque d'argent pour l'exploitation de sa colonie, Léopold II, qui s'apprêtait à se départir de son Congo moribond, se révisa net : les temps sont enfin venus de faire de l'argent, pensa-t-il, et on va en faire, peu importe la méthode. En nationalisant toutes les terres ni construites ni habitées, Léopold s'assure la propriété incontestée des 99 % du Congo[379]. Pour l'exploitation de ce domaine si vaste, il cède ses terres en usufruit à des compagnies concessionnaires tout

378. Adam Hochschild, *Les fantômes du roi Léopold II. Un holocauste oublié*, trad. de l'américain par Marie-Claude Elsen et Frank Straschitz, Paris, belfond, 1998, p. 191.
379. Van Reybrouck, *op.cit.*, p. 99.

en se gardant un domaine à lui, le «domaine de la couronne». Ainsi, les compagnies concessionnaires et la couronne sont-elles les deux actrices importantes de l'entreprise.

Il se met alors en place au Congo un système rationnel d'exploitation des indigènes dont les abus vont indigner le monde entier et dont le nombre de victimes sera de plusieurs millions. Un quota de caoutchouc, variable suivant les régions du Congo est décidé. Alors que dans le domaine de la couronne ce sont les militaires de l'armée coloniale qui veillaient à ce que les quotas fixés aux indigènes soient atteints, dans les terres cédées aux compagnies, ce sont des gardiens armés qui s'en chargeaient. Dans les deux cas, il s'agissait, écrit Van Reybrouck, «d'Africains peu formés sur le plan militaire et peu disciplinés[380]» Pour combler le tout, le système ajoute cet autre élément de cupidité :

> Tout comme les hommes apportant l'ivoire, note Hochschild, ceux qui fournissaient l'État Indépendant du Congo et les sociétés privées en caoutchouc étaient récompensées selon la quantité livrée. En 1903, un agent particulièrement «productif» reçut une commission huit fois son salaire annuel[381].

Mais cet incitatif allait ouvrir largement la voie au zèle des agents collecteurs et donc aux abus, comme l'observe Van Reybrouck :

380. *Ibid.*, p. 109.
381. Hochschild, *op. cit.*, p. 192.

> Les hommes qui devaient récupérer le caoutchouc étaient payés en fonction de la quantité de caoutchouc. Pas de caoutchouc, pas de paye. Ils faisaient donc tout pour maximiser la récolte. Dans la pratique, cela se traduisait par un régime de terreur généralisé. Comme ils étaient armés, ils pouvaient terroriser impitoyablement la population locale. Dans les concessions, on se livrait à de terribles pratiques, et dans les régions appartenant à l'État Indépendant, ce n'était guère mieux[382].

On se livrait à des pratiques terribles ? Lesquelles ? Laissons Hochschild répondre :

> Un fonctionnaire du bassin du fleuve Mongala, écrit Hochschild, loin dans le Nord, contrôlé par […] la Société anversoise du commerce au Congo, estima que pour remplir leur quota les récolteurs de caoutchouc devaient passer vingt-quatre jours par mois dans la forêt, où ils construisaient des huttes grossières pour dormir et pour se protéger – sans toujours y parvenir – contre les léopards[383].

C'était donc dans des conditions dignes d'esclavage que se faisait la production de caoutchouc dans la forêt où on s'enfonçait au fur et à mesure que le latex se faisait rare. Sans compter les dangers que l'on bravait alors dans la jungle. L'État colonial ne peut parvenir à ce résultat qu'en usant de violence et de barbarie. Et il ne s'y est pas privé. Une des pratiques en cours alors était la prise d'otages. Les femmes et les enfants étant pris en otage, les hommes n'avaient pas

382. Van Reybrouck, *op. cit.*, p. 109.
383. Hochschild, p. 196.

d'autre choix que de s'enfoncer en forêt et de ramener le maximum de caoutchouc :

> Parfois les otages étaient des femmes, écrit Hochschild, parfois des enfants, parfois des anciens ou des chefs. Chaque poste de l'État ou d'une compagnie dans la région à caoutchouc possédait une caserne pour otages. Si l'on était un villageois et qu'on résistât à l'ordre de collecter le caoutchouc, on mettait en danger la vie de sa femme. Elle pouvait de toute façon mourir, car dans les casemates la nourriture était rare et les conditions sévères[384].

Non seulement les otages affamés mouraient littéralement de faim, les femmes subissaient des sévices sexuels.

Prendre des femmes et des enfants en otage pour contraindre les hommes à produire plus de caoutchouc ne constitue pas le summum de la sordidité à laquelle l'entreprise donna lieu au Congo. La barbarie pouvait aller encore plus loin ; les atrocités du caoutchouc rouge étaient tout simplement épouvantables. :

> Si un village refusait de se soumettre à ce régime, avance encore une fois Hochschild, des troupes de l'État ou d'une compagnie ou leurs alliés abattaient parfois toute la population en vue, de manière à bien faire parvenir le message aux villages voisins. Mais, en de telles occasions, certains officiers européens se montraient méfiants. Pour chaque cartouche fournie à leurs soldats, ils exigeaient la preuve que la balle avait été utilisée pour

384. *Ibid.*, p. 194-195.

> tuer quelqu'un [...] La preuve habituelle était la main droite d'un cadavre[385].

Il n'était pas rare non plus que des personnes encore en vie aient des mains coupées. Visiblement, l'idée ici est la création d'un climat de terreur afin d'obtenir la soumission sans condition des indigènes. Le résultat ? Le Congo produisit davantage de caoutchouc et, pendant vingt ans, Léopold II fit de très bonnes affaires sur le dos de ses sujets indigènes :

> Sa fortune assurée, écrit Hochschild, le roi [Léopold II] harcelait sans relâche ses fonctionnaires retournant en Afrique au sujet des récoltes de caoutchouc [...] Le roi ne cessait d'exiger voracement de plus grandes quantités de caoutchouc sauvage du Congo, car il savait que son prix chuterait quand les plantations d'Amérique latine et d'Asie viendraient à maturité. Cela finit effectivement par se produire, mais à l'époque, le Congo [?] avait déjà profité depuis une vingtaine d'années du boom du caoutchouc sauvage. Durant cette période, la quête ne connut aucune limite[386].

L'impôt indigène avec son lot de violences ne se limite pas au seul cas congolais. Toutes les colonies africaines y ont goûté. À bien des endroits à travers le continent, l'impôt fut en réalité le vrai motif de la résistance indigène à la colonisation. Mazenot note que pour le Nord Congo français, « il vaudrait mieux parler de résistance à l'impôt que de résistance à la pénétration...[387] ». Beaucoup de révoltes observées pendant

385. *Ibid.*, p. 198.
386. *Ibid.*, p. 192.
387. Mazenot, *op. cit.*, p. 358.

la pacification sont soit directement liées à l'impôt, soit que celui-ci y a agi comme l'un des facteurs importants :

> [...] cette obligation nouvelle, poursuit Mazenot, dont les « contribuables » devaient s'acquitter tous les ans, était certainement de celles qui étaient le moins bien supportées, donnant lieu parfois à de véritables révoltes fiscales comme en Sierra Leone lors de la première imposition en 1898, ou en pays zoulou chez les Bambata dans les mêmes circonstances (1906) ; les Batéké-Tsayi du Sud-Congo ont gardé le souvenir de la « guerre de l'impôt » de 1913...[388]

La rébellion Maji-Maji dans le Tanganyika allemand dont la répression sanglante en 1905 fit, selon les sources, entre 75 000 et 120 000 victimes africaines s'inscrit dans la ligne des résistances à l'impôt indigène. Les tribus du Tanganyika se révoltèrent contre la culture intensive de coton qu'on leur imposait.

Ainsi, jusqu'à la fin de la Première Guerre mondiale, c'est par la violence et la barbarie que l'État colonial soumit les populations indigènes à l'impôt. La violence de l'impôt a marqué durablement les esprits en Afrique et ses effets demeurent visibles encore aujourd'hui. Les rapports entre les citoyens et l'administration de l'État sont depuis lors faits de méfiance et d'inquiétude des premiers envers la seconde, notamment en milieu rural. Au Congo, ou encore au Cameroun comme l'a si bien décrit Jean-Marc Ela[389], les villageois savent que la

388. *Ibid*.
389. Jea-Marc Ela, *Quand l'État pénètre en brousse...les ripostes paysannes à la crise*, Paris, Éditions Karthala, 1990, 268 p., coll. « Afriques ».

venue des agents de l'État dans le village n'est jamais porteuse de bonne nouvelle pour eux; ils savent que ce n'est jamais de la tranquillité que ces agents leur apportent, mais de nouvelles tracasseries. Ainsi en est-il qui feignent alors de tomber malades ou qui ont envie se cacher en forêt pour y échapper, comme il y a un siècle.

De plus, au Congo, un nombre limité d'articles alimentaires servaient de produits substitution au caoutchouc: du gibier, des chèvres, des moutons, du poisson fumé, de la volaille, des chikouangues (pain de manioc). Ces produits étaient réservés aux Blancs, fait remarquer Mazenot[390]. Cette pratique a elle aussi laissé des traces. Au Mayumbe, par exemple, pendant longtemps, les œufs étaient considérés comme un produit destiné aux Blancs, un produit de luxe que les villageois ne consommaient qu'en de rares occasions. L'extorsion des produits alimentaires en guise d'impôt fit très mal aux villageois qui en étaient privés; elle concourut à créer de la pénurie alimentaire.

La violence de l'impôt fut meurtrière, on n'a pas à en douter. Elle a aggravé la situation de la pénurie alimentaire à coup sûr, les hommes ne participant plus à la production d'aliments de subsistance et les troupes zélées se livrant au sabotage des réserves de nourriture dans les villages ou à leur confiscation. La violence liée à l'impôt indigène contribue donc à expliquer, elle aussi, la stagnation démographique africaine dans la période à l'étude.

390. Mazenot, *op. cit.*, p. 363.

4.2. La violence liée aux travaux forcés et au portage

L'exploitation économique des colonies nécessitait de doter ces dernières d'un minimum d'infrastructures. La construction des chemins de fer, l'ouverture des routes et le portage avant et pendant la Première Guerre mondiale nécessitèrent de la part d'indigènes la fourniture d'une main d'œuvre abondante et gratuite. La construction des chemins de fer fut pénible et très éprouvante pour les Africains, à l'instar du chemin de fer Congo-Océan, long de 510 km, reliant la ville de Pointe-Noire sur l'Océan Atlantique à Brazzaville sur le fleuve Congo. On recruta du personnel local tout d'abord, puis devant la nécessité d'avoir plus de bras, on réquisitionna de plus en plus loin, au nord du Congo, en Centrafrique, au Tchad même :

> [...] ce fut de nouveau la chasse à l'homme, écrit Mazenot, la fuite devant les recruteurs, les mouvements de résistance. Totalement imprévoyante, l'administration qui n'avait pas mis en place les infrastructures nécessaires, se trouva vite débordée et, s'ajoutant à la confusion générale, des maladies dont la nature exacte n'a pas toujours été définie, exercèrent des ravages sur les chantiers et dans les camps ; en fait c'était « la misère physiologique et morale » qui décimait les travailleurs[391].

La construction de ce chemin de fer souleva la controverse en France, tant elle fut meurtrière. Elle fit de 17 000 à 23 000 victimes pendant la période 1921-1934. C'était, aux

391. *Ibid.*, p. 423.

dires d'André Gide, un «effroyable consommateur de vies humaines[392]».

Tout aussi éprouvante fut la construction du chemin de fer reliant Matadi au Stanley Pool[393] dans l'État Indépendant du Congo voisin. Le principal obstacle à l'exploitation économique de la colonie de Léopold II était le fleuve Congo. Cette voie naturelle longue de 4371 kms permettant d'accéder à l'immense arrière-pays comporte des parties non navigables. En remontant le Congo depuis l'embouchure, déjà à Matadi, les navigateurs devaient s'arrêter et chercher à contourner à pied les cataractes séparant Matadi du Stanley Pool sur une distance de 380 kms. On imagine à peine les milliers d'individus du Bas-Congo réquisitionnés par Stanley pour ouvrir, dans un environnement physique extrêmement difficile, la route qu'emprunteront les caravanes contournant les grands rapides du Congo[394]. On imagine aussi des milliers d'individus transportant sur la tête et pendant de longues semaines les bateaux en pièces détachées, les divers équipements et les provisions des administrateurs coloniaux allant à Léopold

392. André Gide, *Voyage au Congo*, Paris, Gallimard, 2008, p. 223.
393. Stanley-Pool (aujourd'hui Pool Malebo) est un lac sur le cours inférieur du fleuve Congo. Les villes de Brazzaville et de Kinshasa (anciennement Léopoldville) sont situées de part et d'autre de ce lac.
394. La brutalité de Stanley lors de la construction de cette première piste le long des rapides du cours inférieur du Congo lui a valu le surnom de Bula Matari, en réalité «Bula Matadi», celui qui brise les roches. Probablement que les indigènes ont dû être terrifiés par la puissance de l'homme blanc, qui par un tour de passe-passe, brisait les roches. Cet épisode devait marquer pour longtemps l'imaginaire collectif dans le Bas-Congo où, encore aujourd'hui, on continue de prêter à l'homme blanc des pouvoirs surnaturels.

ville, dans l'arrière-pays et dans l'Oubangui-chari[395]. On imagine enfin en sens inverse des milliers d'autres transportant sur leur tête les stocks d'ivoire et les premiers stocks de caoutchouc quittant le Congo pour l'Europe. Mais à ce rythme, l'entreprise était condamnée. Il fallait vraiment trouver une solution définitive, c'est-à-dire construire un chemin de fer. Henri Morton Stanley, l'homme de main de Léopold II pour le Congo disait : « Sans chemin de fer, le Congo ne vaut pas un penny. » Il fallait donc commencer par le tronçon le plus essentiel, celui permettant de contourner les rapides entre Matadi et le Stanley-Pool. Et ce tronçon fut construit.

395. Pour le compte de l'Empire français équatorial. Voir André Gide, *Voyage au Congo, op.cit.*, p. 92.

Carte 2. Les rapides du fleuve Congo entre Matadi et le Stanley Pool

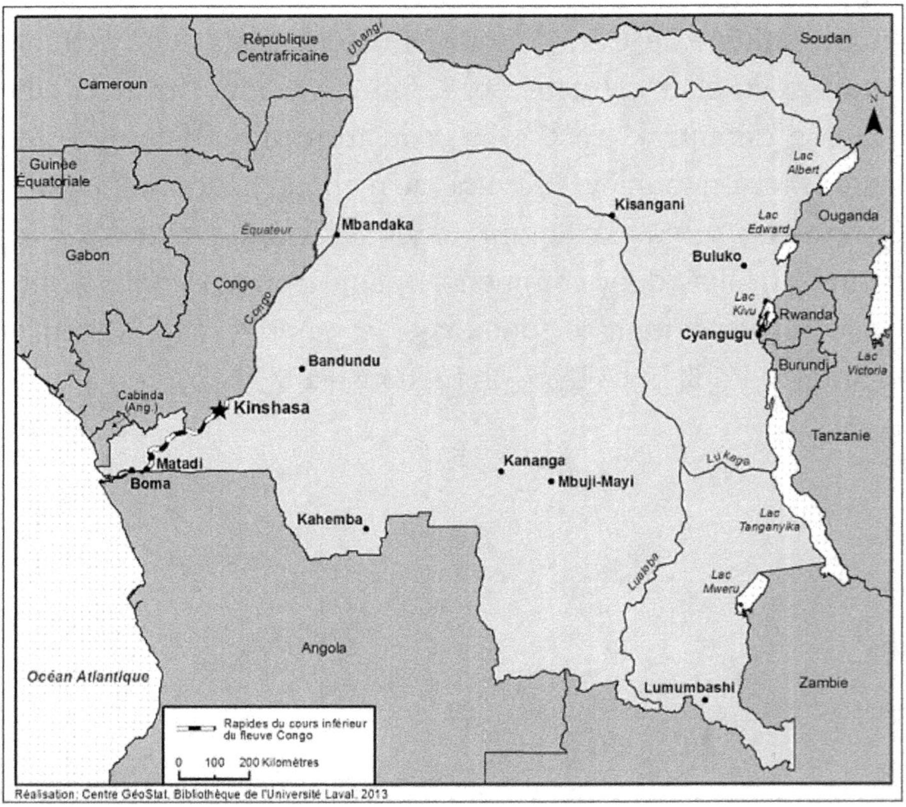

La construction du chemin de fer Matadi-Stanley Pool passe pour «l'un des projets de construction de voie ferrée les plus décourageants de l'histoire[396]». Matadi est un rocher. Le mot signifie «pierres» en langue locale. Les grosses pierres à l'est de Matadi sur le tracé de la voie ferrée avaient de quoi décourager les esprits les plus endurcis.

396. Hochschild, *op. cit.*, p. 204.

Mais le terrain difficile, ce n'était qu'une partie de l'histoire. S'y ajoutait le climat tropical humide et les maladies. Le résultat ? Cette entreprise qui compta jusqu'à soixante mille ouvriers fit du surplace dans les premières années : « Pour la simple installation des premiers vingt-deux kilomètres, trois années furent nécessaires[397]. » Outre le personnel local, on fit venir les ouvriers d'Afrique de l'Ouest (des territoires français et britanniques), des Antilles britanniques ; on en fit venir également cinq cent quarante de Chine dont trois cents moururent sur le chantier ou prirent la fuite à travers la brousse congolaise. En 1898, la construction du chemin de fer prit fin après huit années de travail de forçats. À Hochschild de nous en présenter le bilan :

> Sur le plan de la construction, le chemin de fer fut un succès modeste, et sur le plan humain un énorme désastre. Les hommes succombaient aux accidents, à la dysenterie, à la petite vérole, au béribéri et à la malaria, maladies qui étaient toutes exacerbées par la mauvaise qualité de la nourriture et les impitoyables coups de fouet qu'appliquaient les deux cents hommes composant la milice du chemin de fer. Des locomotives déraillaient, des wagons de fret pleins de dynamite explosaient, réduisant en miettes des ouvriers, noirs et blancs. Parfois, les hommes n'avaient pas d'abris où dormir, et les ouvriers récalcitrants étaient amenés […] au travail enchaînés. […] Lorsque les clairons sonnaient le matin, des foules d'ouvriers en colère déposaient aux pieds des surveillants européens les corps de leurs camarades décédés durant la nuit. […]
>
> Dans une métaphore qu'on retrouve ailleurs en Afrique, la légende locale, le long de la ligne de chemin de fer,

397. *Ibid.*

> raconte que chaque traverse coûta la vie à un Africain, et chaque poteau à un Européen[398].

Hochschild pour qui les chiffres officiels sur le nombre de victimes sont édulcorés indique que certaines sources évaluent le nombre de morts non blancs à mille huit cents par année[399].

Le portage est un moyen auquel l'administration coloniale recourut dans les premières décennies de l'aventure coloniale. Les hommes réquisitionnés pour le service de portage ne pouvaient pas y renoncer. Outre les produits alimentaires que nous avons cités tantôt, l'impôt en caoutchouc pouvait être payé en journées de portage. Nous avons vu également comment la Première Guerre mondiale augmenta les besoins en portage. Le peu que nous puissions en dire est que le portage se faisait dans des conditions difficiles, de manque du minimum requis à l'organisme humain pour survivre : manque de nourriture, d'eau, d'abris convenables, épuisement physique et moral. De telles conditions étaient propices à la venue de maladies et donc de la mort. Tout comme les impôts et les travaux forcés auxquels il est intimement lié, le portage contribua lui également à la stagnation démographique subsaharienne dans la période retenue.

Pour terminer ce chapitre, entamons une dernière discussion qui en fait le point : en quoi l'expansion coloniale européenne de la fin du XIXe siècle eut-elle des conséquences sur la démographie subsaharienne ?

398. *Ibid.*
399. *Ibid.*, p. 206.

5. Les effets de l'invasion coloniale sur la démographie subsaharienne

De tels effets sont observables sur une période somme toute courte, soit depuis la conquête militaire à proprement parler jusqu'à la fin de la Première Guerre mondiale. Ce qui est caractéristique de cette période, c'est la brutalité avec laquelle les colonisateurs tentent de s'imposer. Nous avons, *grosso modo*, analysé dans ce chapitre une période d'un peu plus qu'un quart de siècle, faite de violence et de barbarie. Les effets directs et indirects d'un tel rapport de force ont produit la mort des colonisés sur une grande échelle. La phase de conquête se révélant plus difficile que ne l'avaient prévu les colonisateurs, ils ont eu à recourir à une phase de pacification qui elle s'est révélée très meurtrière[400]. Pour mettre au pas des populations de plus en plus révoltées, les colonisateurs ont fait de la barbarie un moyen normal d'administration des peuples. Il s'agissait de mener des expéditions punitives sur des cibles qui elles étaient collectives : on supprimait sans état d'âme un village entier, on détruisit des récoltes, on boucha ou on empoisonna des points d'eau.

Paradoxalement, pour les colonisés, la violence coloniale subie ne connut pas de répit avec l'arrivée de la Première Guerre mondiale, loin de là. Elle en rajouta. Mais c'est l'exploitation économique avec la violence de l'impôt et des travaux forcés qui fit davantage de ravages. Le caoutchouc rouge saigna littéralement les indigènes du Congo. Dans cette synthèse, nul

400. Mazenot, *op. cit.*, p. 370.

besoin de reprendre toute la litanie des souffrances qu'imposèrent les débuts de la colonisation en Afrique. Disons tout simplement que pendant la période à l'étude, les colonisés d'Afrique ont connu des conditions infra-humaines qui n'avaient rien à envier à celles connues par les esclaves noirs dans les Amériques. Nous touchons ici du doigt le paradoxe de la colonisation, l'opération de magie noire qui transforma le colonisateur : parti avec l'intention affirmée de sortir le colonisé de la barbarie, c'est plutôt lui qui devint barbare.

Nous n'aurons jamais des chiffres même proches des victimes africaines de ces premières décennies de la colonisation de l'Afrique subsaharienne. Tout ce qu'on peut dire, c'est qu'elles furent nombreuses, très nombreuses dans une région du monde qui jusqu'alors avaient éprouvé de la difficulté à se peupler. Nous avons évoqué la mort directe due notamment aux guerres de conquête et aux expéditions punitives. Nous avons évoqué la famine due à la destruction des récoltes et des vivres, à la réquisition des hommes pour le service des armes, le portage, les corvées ou pour la production du caoutchouc. Nous pouvons évoquer les maladies que cette situation a rendu plus fréquentes. Les déplacements des populations ont entraîné la propagation d'une région à une autre de maladies anciennes ou de maladies nouvelles envers lesquelles les corps des colonisés n'étaient pas suffisamment acclimatés. Hochschild indique que les tueurs les plus notoires étaient la variole ou petite vérole et la trypanosomiase ou maladie du sommeil. Mais les maladies moins impressionnantes telles les infections pulmonaires ou intestinales faisaient, dans les circonstances, de nombreuses victimes[401]. Des Européens voyageant à l'intérieur du Congo à cette époque ont parfois été témoins de scènes de désolation provoquées par la variole, mal que les Africains nommaient « la maladie venue du ciel » : des villages décimés où les boas et les vautours se nourrissaient des cadavres[402].

Les maladies anciennes faisaient elles aussi des ravages du simple fait que les corps affamés et épuisés physiquement et moralement se défendaient moins bien face à la maladie.

Combien de victimes africaines la violence de l'invasion coloniale fit-elle en Afrique subsaharienne de 1885 à 1920 ? Aucune idée. Pour le Congo, plusieurs sources crédibles estimaient en 1919 qu'entre le moment où Stanley jeta les bases de l'État Indépendant du Congo et 1919, ce territoire avait perdu la moitié de sa population, soit dix millions d'habitants[403]. Voilà au moins un ordre de grandeur, à défaut de vrais chiffres. Si le Congo a perdu dix millions d'individus, l'Afrique subsaharienne en perdit combien dans son ensemble ? Et est-il besoin de le rappeler, ces pertes des vies massives ont été opérées sur une période de temps très courte. Il s'agit-là d'un fait qui sort du lot dans la trame des événements qui ont ponctué l'histoire de l'Afrique subsaharienne dans les cinq derniers siècles.

La violence des premières décennies de l'invasion coloniale a eu des effets négatifs sur la croissance démographique subsaharienne, nous ne pouvons plus en douter. Dans le contexte

401. Hochschild, *op. cit.*, p. 270.
402. *Ibid.*
403. *Ibid.*, p. 273.

de violences et de famines presque endémiques au cours de la brève période, on peut parier que le taux de fécondité devait être en chute. Hochschild nous fournit quelques témoignages :

> Un missionnaire catholique qui travailla de longues années dans le district de Mai Ndombe, importante région de production de caoutchouc, remarqua ce processus. À son arrivée en 1910, il fut surpris par l'absence quasi-totale d'enfants âgés de sept à quatorze ans, bien qu'il y en eût beaucoup de plus âgés et de plus jeunes. Cela désignait la période 1896-1903, pendant laquelle précisément, la campagne du caoutchouc battait son plein dans le district[404].

Quoi de plus normal que devant l'insécurité et la terreur régnantes que des femmes décident de ne pas concevoir pour non seulement réduire les risques encourus en temps de guerre mais pour ne pas donner au colonisateur d'autres bras à asservir. Leur attitude procède d'une simple stratégie de résistance.

404. *Ibid.*, p. 271.

Chapitre 5

Une autre Afrique, c'est possible

> Le jour nouveau qui se lève doit nous trouver fermes, avisés et résolus.
>
> Frantz Fanon, *Les damnés de la terre*

Après quatre chapitres consacrés au passé de l'Afrique subsaharienne, le moment est venu de penser à son avenir. Que sera l'Afrique demain ? Mille et une fois, au moment de la décolonisation notamment, l'Afrique était promise à un brillant avenir. Ce brillant avenir se cherche toujours. Ici plus qu'ailleurs, la maladie et la misère demeurent le lot. Aujourd'hui comme hier, la faim, la pauvreté, l'illettrisme sont la condition des masses. Pourtant, dans ce ciel bas et lourd pesant comme un couvercle (Baudelaire, *Spleen*), des petites éclaircies semblent annoncer la venue d'une autre Afrique, celle de demain, une Afrique meilleure que la présente.

Le brillant avenir de l'Afrique maintes fois promis mais non réalisé demeure possible. Plusieurs petits signes, dans le domaine économique notamment, permettent de croire que l'Afrique en ce moment pose timidement le pied sur le chemin qui la sortira de sa marginalité économique. Plusieurs petits signes laissent entrevoir qu'à l'horizon africain pointent les lueurs annonçant la sortie de la grande nuit[405] «dans laquelle nous fûmes plongés[406]». Ces signes montrent une Afrique en mouvement, de plus en plus consciente de son potentiel économique qui hisserait un jour les économies africaines au rang de celles dites émergentes. On pourrait même y parvenir d'ici le milieu de ce siècle. Bien sûr, cela ne se fera pas comme par enchantement et, dans ce domaine, il faut se garder de tout excès d'optimisme. Mais les chances de l'Afrique n'ont jamais été aussi bonnes qu'en ce moment; un certain nombre de conditions favorables sont réunies pour que l'Afrique réalise cette fois un départ réussi.

Dans les pages suivantes, nous allons identifier et discuter les conditions réunies maintenant et qui sont favorables au décollage économique de l'Afrique. La discussion couvrira trois dimensions à travers lesquelles ces conditions favorables se laissent observer: économique, démographique et politique. La discussion prendra la forme d'idées naïves, assurément discutables et d'un niveau somme toute élémentaire. Nous assumons ce fait, cela d'autant plus que ce qui est en jeu ici concerne l'avenir d'un continent qui n'a cesse de chercher sa voie. Dans un essai sur l'Afrique décolonisée, Mbembe, tout compte fait, invite à passer à autre chose[407]. Si le contenu d'une telle invitation reste à élaborer, nous espérons que les idées naïves avancées ici contribueront modestement à cette tâche combien impérieuse.

405. Achille Mbembe, *Sortir de la grande nuit. Essai sur l'Afrique décolonisée*, Paris, La Découverte, 2010, 252 p.
406. Frantz Fanon, *Les damnés de la terre*, Paris, Éditions La Découverte, 1985 [1961], p. 235.
407. Achille Mbembe, *op. cit.*, p. 229.

1. Des économies aux opportunités immenses

Au cours des dernières années, les économies de l'Afrique subsaharienne ont présenté des performances plutôt bonnes. On le doit à l'existence d'immenses opportunités économiques sur le continent actuellement, opportunités que certains pays commencent à saisir. On le doit aussi au fait qu'au cours de la dernière décennie plusieurs pays subsahariens ont entrepris de grandes réformes macroéconomiques qui ont permis d'accélérer la croissance économique de l'ensemble de l'Afrique subsaharienne. Dans les dernières années, la région a affiché une croissance économique forte. De 2008 à 2012, celle-ci a été au-dessus de 5 %. De plus, pour les années 2013 et 2014, le Fonds monétaire international projette un taux de croissance respectif de 5.4 % et 5.7 %. Les pays exportateurs de pétrole, les pays à faible revenu et les pays fragiles connaissent une croissance économique plus forte encore.

Tableau 6. Afrique subsaharienne.
Évolution du PIB réel (en %), de 2008 à 2014

Types de pays	2008	2010	2011	2012	2013	2014
Afrique subsaharienne	**6.4**	**5.4**	**5.3**	**5.1**	**5.4**	**5.7**
Pays exportateurs de pétrole	8.5	6.6	6.1	6.4	6.6	6.8
Pays à revenus intermédiaires	5.0	4.0	4.7	3.3	3.6	4.0
Pays à revenus faibles	7.3	6.4	5.6	5.7	6.3	6.6
Pays fragiles	2.5	4.2	2.4	7.0	6.8	6.5
Monde	**4.6**	**5.2**	**4.0**	**3.2**	**3.3**	**4.0**

Source : Fonds Monétaire International[408]

408. International Monetary Fund, *World Economic and Financial Surveys. Regional Economic Outlook – Sub-Saharan Africa. Bulding Momentum in a Multi-Speed World.* [On line] http://www.imf.org/external/pubs/ft/reo/2013/afr/eng/sreo0513.pdf (page consultée le 01 septembre 2013).

De telles performances font pâlir d'envie, pour la même période, les économies de pays industrialisés. Ce fait mérite d'être souligné même si, dans la plupart des pays, la forte croissance économique n'a pas été suivie d'une élévation du niveau de vie général[409]. L'accélération de la croissance économique subsaharienne montre que 1) de fructueuses réformes macroéconomiques peuvent y être menées et 2) que des opportunités immenses se présentent aux économies africaines. Dans la suite de ce premier point consacré aux économies africaines, nous allons nous arrêter à quelques lieux où ces opportunités se présentent : le partenariat avec les BRICS[410], la diversification de la production économique et pour finir l'exploration des possibilités dans l'artisanat.

1.1. Les BRICS et l'Afrique

L'émergence de la Chine, de l'Inde, du Brésil et de la Russie (BRICS) comme géants économiques potentiels offre de nouvelles opportunités aux pays africains[411] en général et aux

409. Peter Lewis, "Growth without prosperity in Africa", in FUKUYAMA, Francis, Larry DIAMOND and Marc F. PLATTNER, *Poverty, Inequality, and Democracy*, Baltimore, The Johns Hopkins University Press, 2012, p. 125. Voir aussi Olivier M. Mbodo, "Governance, economic performance and popular welfare in Africa : is the link clear ?", communication, *5th European Conference on African Studies. African dynamics in a multipolar world*, Instituto Universitario de Lisboa, Lisbon, 2013, june 27-29.
410. L'acronyme BRICS désigne les quatre économies émergentes suivantes : Brésil, Russie, Inde et Chine.
411. Fantu Cheru, "South-South Cooperation : What Prospects for a New Bandung Consensus ?", in *South-South Development Cooperation. Africa on the Centre Stage*, edited by Renu Modi, Mumbai, Centre for African Studies, University of Mumbai, India, 2011 ; p. 42. ; voir également Harry G. Broadman, *Africa's Silk Road. China and India's new Economic Frontier*, Washington D.C., World Bank, 2007, p. 1.

pays subsahariens en particulier. Rappelons qu'après l'effondrement du Mur de Berlin, le discours entendu en Occident sur l'Afrique des années 1990 était pour le moins afropessimiste. On ne pariait plus que sur l'Europe de l'Est. Des journalistes et des experts en tous genres prédisaient rien de moins que le délaissement de l'Afrique qui ne présentait désormais plus aucun intérêt pour les Occidentaux débarrassés de la Guerre froide. C'est dans ce contexte d'abandon de l'Afrique par les Occidentaux que les BRICS, Chine en tête, firent un retour en force en Afrique. Paradoxalement, le retour en force des BRICS en Afrique a eu pour conséquence de ressusciter l'intérêt des Occidentaux pour ce continent. L'émergence des BRICS a eu cette capacité de (re)placer l'Afrique au centre des intérêts[412].

Le retour en force des BRICS en Afrique subsaharienne s'explique en grande partie par l'existence au sein de ces économies d'une grande demande en pétrole et en matières premières. La Chine qui au cours de la dernière décennie affichait habituellement un taux de croissance économique à deux chiffres aimerait le maintenir au-dessus de 8 % l'an, d'où son énorme appétit en énergie et en matières premières. Dans une moindre mesure, on pourrait en dire autant de l'Inde. Or justement, l'Afrique subsaharienne est une région bien dotée en matières premières. La région abrite 10 % de réserves mondiales de pétrole et, chaque année, on n'arrête pas de

412. Ned Bertz, Traces of the Past, "Fragments for the Future: South-South Cooperation (SSC) in the Indian Ocean", in *South-South Development Cooperation. Africa on the Centre Stage*, edited by Renu Modi, Mumbai, Centre for African Studies, University of Mumbai, India, 2011; p. 61.

découvrir de nouveaux sites pétroliers. Son sous-sol, l'un des plus riches qui soient, renferme des réserves appréciables d'or, d'uranium, de diamant, de cuivre, de zinc, de coltan, etc.

La forte demande de ressources naturelles par les BRICS a entraîné une envolée de leurs cours sur les marchés mondiaux, ce qui n'est pas pour déplaire aux pays subsahariens exportateurs d'hydrocarbures et de matières premières.

Bien que les relations commerciales de la Chine et de l'Inde avec l'Afrique datent de plusieurs décennies, l'accroissement massif des investissements chinois et indiens ainsi que de leur commerce en Afrique depuis les années 2000 est sans précédent[413]. Les Américains, eux aussi avides d'énergie, n'entendent pas laisser l'Afrique à la Chine seule. Les entreprises américaines sont présentes sur le continent comme le sont les entreprises françaises. Il en résulte que des pays subsahariens producteurs de pétrole reçoivent des montants substantiels sous la forme d'investissements étrangers. Ainsi, le Nigeria, l'Angola, le Tchad, le Gabon, pour n'en nommer que quelques-uns, ont tour à tour signé de lucratifs contrats avec la Chine. C'est la manne qui jaillit des entrailles de l'Afrique. Outre les pays producteurs de pétrole, les pays miniers dont le Congo-Kinshasa et la Guinée-Conkary ont, eux aussi, signé des contrats juteux avec la Chine.

Cette manne pompée des entrailles de l'Afrique ne pourra-t-elle pas être l'occasion d'un vrai départ pour ce continent?

413. Broadman, World Bank, *op. cit.*

Cette manne ne pourra-t-elle pas permettre à l'Afrique de réussir enfin le rendez-vous avec l'histoire ?

Pour ne pas manquer cette chance qui s'offre, l'Afrique doit chercher à tirer davantage profit de son partenariat avec les BRICS et particulièrement avec la Chine. Pour le moment, les investissements chinois ressemblent plus à du troc ; ils ressemblent à un échange en nature où les pays africains fournissent à la Chine pétrole et matières premières et reçoivent en retour des infrastructures (routes, ponts, hôpitaux et universités). C'est déjà une bonne chose, car pour réussir son décollage économique, l'Afrique a plus que jamais besoin d'infrastructures.

Si ce troc est une bonne chose en soi, il ne suffit pas. Dans leur rapport à la Chine et à l'Inde, les pays africains doivent se rappeler que leurs ressources naturelles ne sont pas inépuisables. De même, doivent-ils se rappeler que si la forte demande de ces produits a entraîné une envolée des cours, rien ne garantit que ces cours ne s'effondreront pas à l'occasion d'une nouvelle crise économique mondiale. Peut-on exiger, comme quelques pays commencent à le faire, que les matières premières subissent une première transformation sur le continent ? Une telle mesure permettrait aux pays africains de bénéficier d'une partie de la valeur ajoutée, de même qu'elle contribuerait à créer des emplois pour les Africains. Dans les pays subsahariens où la Chine investit, les masses se plaignent du fait que les investissements chinois ne créent pas d'emplois pour eux : « Les entrepreneurs chinois viennent ici avec leur propre main d'œuvre. », entend-on souvent. Au

Tchad, la société civile ne se fait guère d'illusion : « Au moins les Chinois sont sincères. » déclara un leader de la société civile à N'Djamena. Et de poursuivre : « Ils ne sont pas comme les Occidentaux qui nous disent qu'ils sont là pour nous alors qu'ils sont là pour autre chose. Les Chinois, eux, ils nous disent qu'ils sont ici pour leurs affaires et non pas pour nous. » Au Congo, un paysan, un peu surpris, nous fit la réflexion suivante à propos des Chinois installés dans sa ville : « Ces gens ne sont pas de vrais Blancs. Ils ouvrent de petites boutiques comme nous. Il y en a qui vendent des beignets dans la rue comme nous. Les vrais Blancs ne sont pas comme ça. »

Les investissements chinois pourraient-ils comprendre aussi la coentreprise (joint venture), par exemple ? Peut-on également obtenir des partenaires chinois des transferts de technologies qui permettraient à l'Afrique de dépasser sa condition de producteur de matières premières ? Si le retour en force de la Chine et des BRICS en Afrique constitue réellement une chance pour l'Afrique, à terme, ce continent doit prendre le risque d'en devenir un concurrent.

Profitant d'une main d'œuvre bon marché, la Chine a pu devenir au fil de décennies l'atelier du monde. Or, en Chine même, le revenu des travailleurs ne cesse de s'améliorer par les temps qui courent. Il n'en fallait pas plus pour que certains investisseurs étrangers et chinois commencent à délocaliser leurs entreprises hors de Chine, de peur que le coût de production de plus en plus élevé ne réduise leur marge de profit. L'Afrique ne pourrait-elle pas tirer avantage de cette situation ? Ne pourrait-elle pas devenir la terre d'accueil de ces entrepreneurs en mal de main d'œuvre bon marché? Ne pourrait-elle pas devenir le nouvel atelier du monde? En date du 18 août 2013, le journal *Le Monde* titrait dans sa rubrique économique: «L'Asie devient trop chère pour H&M, qui se tourne vers l'Afrique[414]». En effet, le géant suédois du prêt-à-porter qui autrefois assurait 80 % de sa production sur le continent asiatique décide de changer son fusil d'épaule. Et pour cause? L'Éthiopie offre pour le même travail un coût de production très compétitif: la moitié du coût en Chine. Voilà un exemple qui devrait se compter en milliers à l'échelle du continent.

On pourrait nous reprocher de basculer dans un mercantilisme plat; on pourrait dire que nous cédons au tout économique ou que nous défendons sans réserves le modèle économique asiatique; on pourrait s'inquiéter du fait que nous semblons ignorer les impacts négatifs du modèle économique asiatique, par exemple en ce qui a trait à l'exploitation des petites mains en Chine ou au Bengladesh; enfin, on pourrait à bon droit nous accuser de nous être laissé séduire et aveugler par le miracle chinois qui, par ailleurs, a d'énormes conséquences sur l'environnement. Toutes ces objections que nous anticipons sont légitimes et pertinentes, nous le reconnaissons. Confessons cependant que nous n'avons pas toujours pensé ainsi. Si aujourd'hui nous nous surprenons à prêcher les vertus du tout économique, ce revirement est le résultat

414. *Le Monde*, « L'Asie devient trop chère pour H&M, qui se tourne vers l'Afrique » [en ligne] http://www.lemonde.fr/economie/article/2013/08/20/l-asie-devient-trop-chere-pour-h-m-qui-se-tourne-vers-l-afrique_3463584_3234.htmlle (page consultée le 18 août 2013).

d'une longue réflexion. Pour dire franchement les choses, il n'y a pas d'alternative au tout économique. Le combat pour son indépendance, pour sa dignité, pour son vrai décollage, l'Afrique le gagnera sur le terrain économique. L'Afrique ne sortira pas de sa condition actuelle en pesant pour 2 % dans le commerce mondial. S'inspirer du miracle chinois et copier le modèle économique asiatique ne dispensent pas de garder un œil critique sur les excès et les défauts de tels modèles. Si pour nous l'Afrique doit tirer avantage de la disponibilité d'une force de travail bon marché, nous ne préconisons pas le maintien *ad vitam aeternam* des masses laborieuses dans l'indigence. De la même manière que cela s'est passé en Europe hier, de la même façon que cela se passe en Chine aujourd'hui, si l'Afrique devient forte économiquement, le niveau de vie général s'améliorera.

1.2. La diversification de la production économique

Un deuxième lieu où d'immenses opportunités économiques existent est la diversification de la production économique. Dans son ensemble, l'Afrique demeure un nain économique. La part africaine dans le commerce mondial n'atteint pas 3 %. Celle de l'Afrique subsaharienne est encore plus insignifiante, surtout si on en soustrait l'Afrique du sud.

La marginalisation économique de l'Afrique se manifeste tout d'abord par le petit nombre de produits qu'elle exporte. Pour l'Afrique subsaharienne, hormis l'Afrique du sud, ce nombre se réduit comme une peau de chagrin. Pour l'essentiel, les pays qui en sont dotés exportent des ressources naturelles : les hydrocarbures, les minerais et le bois. Ces pays s'enferment dans des économies de rente : rente pétrolière pour les uns, rente minière pour les autres. Dès lors, on se cantonne dans l'exploitation et l'exportation des ressources traditionnelles et on ne veut pas se fatiguer à explorer d'autres voies. Est-il étonnant alors si la liste de produits exportés demeure brève ? Les pays les moins dotés en ressources naturelles exportent des produits agricoles mais ici aussi la liste de produits demeure limitée : le coton, l'huile de palme, la cacao, l'arachide, le café et le thé, pour l'essentiel. « L'Afrique, écrit Harry G. Broadman, est [...] la seule région qui n'a pas accru sa part d'exportations [des produits] autres que le pétrole[415] », pour la période 1983-2005.

Si, comme nous venons de le voir, la liste de produits exportés par les pays subsahariens est brève, les volumes exportés sont eux aussi faibles, en dehors de quelques produits. Ces volumes paraissent dérisoires lorsqu'on les compare aux volumes exportés par les autres continents. Tout compte fait, il n'est pas exagéré de dire que l'Afrique subsaharienne n'exporte rien ou presque, mais qu'elle importe tout ou presque. Il est navrant de voir qu'elle importe des biens qu'elle serait capable de produire sur place. Une visite sur le port de Matadi suffira à convaincre. Tous les mois, des hommes d'affaires congolais y font décharger leurs importations. Toute une gamme de biens d'occasion qui vont de l'automobile

415. Broadman, *op. cit.*, p. 9 D'après les données des périodes suivantes : 1983-85 ; 1993-95 ; 2003-05.

à la friperie en passant par les vieux téléviseurs et les vieux électroménagers. Ce sont les fameux « bilokost[416] ».

Des importateurs congolais et expatriés font décharger également à Matadi des produits alimentaires : des bateaux entiers de riz, de blé, de poissons congelés, de poulets congelés, etc. Mais une fois déchargés, ces navires s'en vont vides. Il n'y a pas de marchandise allant dans l'autre sens. C'est pathétique !

Un ami, importateur congolais, nous disait ce qui suit affichant l'air le plus naturel du monde : « Moi je ne travaille qu'avec deux produits. J'importe de la mayonnaise et... de l'eau embouteillée. Je fais de bonnes affaires avec ces deux produits. » Heureusement que le ridicule ne tue pas, pour parler un peu comme les Français ! Effectivement, ce sont des containeurs entiers de mayonnaise et d'eau embouteillée qui sont déchargés à Matadi. Voir ce spectacle de ses yeux est vraiment révoltant. L'argumentaire des chantres de l'économie libérale qui n'y verraient aucun problème est non seulement faux, mais il est moralement condamnable. Disons un mot sur la mayonnaise qui nous permettra de montrer un des aspects moraux du problème. La consommation de la mayonnaise qui a remplacé la margarine – car elle a effectivement meilleur goût – est en train de se répandre rapidement dans les milieux pauvres. « Nous en mangeons sur du pain. » nous répondit tout naturel-

416. Ce nouveau terme congolais dériverait selon toute vraisemblance du mot lingala « biloko » qui veut dire « choses ». Car pour le Congolais moyen, ces vieux objets ont été récupérés dans la rue en Europe où ils ne valent rien (des choses). Mais le terme « bilokost » pourrait faire penser également à « bi » (des) « low cost », en référence au bon prix auquel se vendent généralement ces vieux produits dans les ports de Matadi et de Boma.

lement un écolier. Les gens ne semblent pas être au courant des conséquences sur la santé de la consommation abusive de ce produit. Et lorsqu'on se promène dans les villes subsahariennes, on rencontre de plus en plus des gens avec de l'embonpoint, ce signe de la malbouffe qui donne des frissons aux autorités sanitaires des pays riches.

Mais on peut dire plus simplement les choses : le Congo ne devrait importer ni la mayonnaise ni l'eau embouteillée. Des œufs avec un peu de jus de citron et un peu d'huile végétale, tous ingrédients disponibles au Congo, voilà qui donnerait la mayonnaise. Quant à l'eau, le Congo qui en a à gogo devrait au contraire en exporter. Rien ne manque donc au Congo pour produire localement ces deux biens. Tout ce qui manque – et c'est peut-être là que réside le problème –, c'est le label « made in Mputu[417] ». Bien sûr, l'eau locale, même potable ne vaut pas celle de Mputu !

Tournons-nous vers l'avenir. L'Afrique subsaharienne pourrait tripler le nombre de produits qu'elle exporte et en doubler les quantités en dix ans. Le Ghana peut certainement être cité en exemple. Ayant entrepris des réformes démocratiques et politiques au cours des décennies 1980 et 1990[418], le Ghana a

417. Mputu ou Poto dans les langues congolaises désigne l'Europe, le mythique pays des Blancs. Le mot dérive de « Portugal », le pays d'où provenaient les premiers Blancs arrivés en Afrique. Dans l'imaginaire collectif est restée cette idée que tous les Blancs vivent dans ce pays, où tout est merveilleux, le Mputu.

418. Sur ces réformes, on peut lire avec profit Tsatsu Tsikata, « Challenges of Economic Reform & Democratization : Some Lessons from Ghana », dans Muna Ndulo, *Democratic Reform in Africa. Its Impact on Governance & Poverty Alleviation*, Oxford/Athens, James Currey/Ohio University Press, 2006, 304 p, pp. 99-107.

pu tirer avantage de l'"AGOA[419]. Dans le cadre de ces accords commerciaux, le Ghana a exporté davantage aux États-Unis ses produits textiles, agricoles et forestiers.

Il faut dire aux gouvernants et à la classe économique africaine qu'on peut augmenter, dans un temps relativement court le nombre et le volume de produits exportés par l'Afrique. Il faut leur dire qu'il y a des euros et des dollars à aller chercher dans les pays riches non pas en quêtant, mais en leur vendant davantage de produits. Il faut dire aux Africains qu'on ne leur versera pas de prime en débarrassant les pays de l'hémisphère nord de leurs bilokost encombrants. Si les Africains ne vendent pas au monde riche, les parts de marché seront prises – il convient de dire «ont été prises» – par d'autres.

Voyons maintenant quelques domaines où il serait possible d'accroître le nombre et le volume de produits exportés par les pays de l'Afrique subsaharienne.

1.2.1. L'agriculture, un domaine négligé

De manière générale, les économies de rente africaines tournent le dos à l'agriculture. Pourtant, ce domaine souvent négligé donnerait l'occasion aux économies africaines d'accroître significativement et rapidement leurs exportations. Dans les produits agricoles à grande consommation dans les pays du nord, l'Afrique subsaharienne a perdu trop de parts de marché. Pensons à la banane, ce fruit très consommé dans

419. African Growth and Opportunity Act: il s'agit des accords commerciaux préférentiels entre les États-Unis et des pays d'Afrique subsaharienne dont la loi a été votée par le Congrès américain en 2000.

le monde. L'Afrique peut en produire davantage et en exporter plus vers l'Europe, ce riche continent situé à sa porte. Il y a 60 ans, le Congo exportait depuis ses ports la banane vers l'Europe. Mais, après la décolonisation, ce secteur a vite fait d'être oublié, plus une seule boîte de bananes ne sortit du Congo. Comme toujours, les parts de marché perdues ont été récupérées par d'autres.

L'Afrique subsaharienne doit (re)valoriser l'agriculture. Si on relit l'histoire des pays subsahariens dans les 50 dernières années, tous à peu près ont reconnu le rôle de premier plan que jouerait l'agriculture dans le développement des pays. Dans les discours politiques, l'agriculture fut souvent désignée priorité des priorités. Nous avons déterré quelques discours sur l'agriculture prononcés depuis cinq décennies dans des pays subsahariens. Tout y a été dit : l'importance du secteur agricole pour la nation, les problèmes et les défis du secteur agricole, les solutions à ces problèmes et défis. Tout a été dit et pensé. C'est incroyable que des discours si beaux n'aient pas produit le moindre effet. Que s'est-il passé ?

Il est impératif de revenir à l'agriculture, cela d'autant plus que nous avons affaire à un domaine qui, tout en étant vital au plan intérieur, recèle des opportunités intéressantes sur le marché de l'exportation. Voici une expérience agricole encourageante qui montre quelques-uns des avantages que peut offrir l'agriculture. Au Cameroun, une personne entreprenante a eu l'idée d'exporter des ananas « bio » dans les pays de l'Union Européenne. Avoir cette idée toute simple à l'heure où la demande des produits « bio » dans les pays de l'hémisphère nord est en croissance était tout simplement génial. Il a démarré son entreprise en tout petit et par-delà les difficultés, un jour il a fini par décrocher le label «bio» de l'Union européenne. Le sésame obtenu, la petite entreprise allait prospérer, employant désormais des dizaines d'individus au Cameroun et réalisant un chiffre d'affaires enviable. Voilà une réussite dans le domaine agricole. Ne pourrait-on pas voir des centaines d'initiatives de cette sorte à la grandeur du continent?

L'agriculture exportatrice pourrait viser aussi la diaspora africaine. Les Africains émigrés ont cette qualité qu'ils restent attachés aux plats de leurs pays d'origine. Dans toutes les villes où ils vivent, des épiceries spécialisées vendent des produits africains ou les mêmes mais en provenance d'Asie ou d'Amérique latine. À Montréal, nous avons vu des Ghanéens importer des conteneurs entiers d'ignames en provenance du Togo. Ces ignames togolais sont probablement les meilleurs au monde tant les Africains se les arrachaient. Voilà un autre exemple encourageant.

Les deux petits exemples de réussite que nous venons d'évoquer ont ceci d'intéressant qu'ils portent sur des produits qui sont en dehors de la liste de produits agricoles traditionnellement exportés par l'Afrique subsaharienne. Mais ces exemples montrent surtout combien est devenu caduc l'antique débat qui autrefois opposait les tenants d'une agriculture africaine tournée vers les besoins intérieurs à ceux qui encourageaient une agriculture tournée vers le marché extérieur. La dernière, disait-on, se faisait au détriment de la première. Ce débat utile en son temps est aujourd'hui futile. En réalité, si l'agriculture subsaharienne accroît ses capacités de production, elle sera en mesure de faire les deux : nourrir les populations africaines et exporter une part de ses produits. De toute évidence, l'Afrique subsaharienne n'a pas d'autre choix que de croître les capacités de son agriculture restée en retard par rapport à l'évolution de sa démographie. Au XXe, alors que la population générale croissait à grands pas, alors que population urbaine croissait à un rythme effarant, l'agriculture était restée rudimentaire.

Au lendemain des indépendances africaines, une division du travail ville-monde rural s'instaura de fait. Dans cette division du travail, la vocation du monde rural était de nourrir la ville. Mais très vite, le monde rural s'essouffla. Aujourd'hui, il n'est plus capable de nourrir la ville. D'où l'importation massive de nourriture pour éviter que ne se déclenchent en ville des émeutes de la faim. Les importations massives de nourriture indiquent que l'agriculture à la « daba[420] » a atteint ses limites. Cette agriculture certainement écologique a eu beaucoup de mérite en son temps ; elle a été capable de nourrir une population de 100 millions d'âmes sans trop porter atteinte à l'environnement. Assurément, elle n'est pas en mesure de nourrir une population qui bientôt atteindra le milliard. Il faut faire autrement.

Un constat s'impose : l'Afrique subsaharienne importe trop à manger. Encore une fois, seuls les défenseurs de la

420. Daba : houe à manche longue qui est l'outil principal de l'agriculture dans le Sahel. Il en existe des variantes dans toutes les autres régions de l'Afrique subsaharienne.

mondialisation à outrance ne trouveraient pas cette situation anormale. Que ces pays, pauvres, brûlent une part substantielle de devises rares à acheter ailleurs à manger aux dépens de leurs agricultures est pour le moins surprenant. Sous ce chapitre, le Nigeria constitue un cas d'école. Autrefois, ce pays produisait suffisamment à manger. Il produisait du riz et de la viande notamment. Mais depuis la venue de la manne pétrolière, le Nigeria a trouvé plus commode d'acheter au loin sa nourriture. Aujourd'hui, devant les sommes faramineuses que le pays consacre à l'importation de nourriture, les associations de fermiers nigérians crient au scandale. Si une partie de cet argent était investi dans le développement de l'agriculture nigériane, ce pays vaincrait la famine ; il créerait des emplois dans un secteur essentiel ; il exporterait une partie de ses produits agricoles, ramenant ainsi des devises là où il en perdait.

Aujourd'hui, il faut inverser la tendance : réduire les importations de nourriture, en produire plus localement et en exporter plus. Que les pays qui en ont les moyens soutiennent leurs agricultures et cela sans état d'âme. Après tout, l'Union européenne et les États-Unis subventionnent les leurs. C'est au Congo que nous avons observé les effets nuisibles des subventions versées par les pays riches à leurs fermiers. Sur le marché d'une bourgade à 100 kilomètres au nord du port de Boma, le poulet congelé européen se vendait l'équivalent de 5 dollars américains. Si on décompte le bénéfice pris par les différents intermédiaires depuis le port de Boma, nous estimons que le poulet importé est entré dans le pays à 2,50 dollars, peut-être moins. De plus, souvent en Afrique, les importations de nourriture ne sont pas taxées, car il en faut bien pour éviter les émeutes de la faim en ville, émeutes tant redoutées par les pouvoirs en place. Pour tout dire, ce poulet importé arrive dans le pays et se vend sur le marché à un prix très en deçà du prix réel. Les subventions des pays riches à leurs fermiers rendent cela possible. Mais ces subventions ruinent le pauvre paysan africain qui élève la volaille pour pouvoir en vivre. Il doit vendre son poulet à un prix plus bas que 5 dollars pour espérer l'écouler. Car, à prix égal, les consommateurs préféreront le poulet importé qui bénéficie du label autrement efficace de « Made in Mputu ».

L'agriculture demeure ainsi un secteur de premier plan. Elle doit prendre toute sa place dans la diversification des économies africaines. La question n'est plus de savoir si l'agriculture africaine doit chercher à nourrir sa population ou plutôt viser l'exportation. Les deux sont possibles. Le continent peut nourrir sa population et exporter davantage de produits agricoles. Les gouvernements ont un grand rôle à jouer dans l'accroissement des capacités de leurs agricultures. Ils peuvent soutenir et procurer l'encadrement technique dont les producteurs ont besoin. De même, les législations en place dans les différents pays pourraient encourager et appuyer les initiatives qui visent l'exportation des ces produits agricoles, comme on le voit au Ghana.

Voici une illustration de besoins que les gouvernements devraient combler dans le sens du développement de l'agriculture nationale. À Lukula, une petite ville du Bas-Congo, nous avons rencontré un jeune homme qui faute d'argent pour entreprendre des études universitaires décida de s'établir en éleveur de porcs. Tout ce qu'il avait comme capital pour se lancer en affaires, c'est une petite truie qu'un cousin lui a offerte, en plus de sa force de travail. Au bout de quelques années, il prospéra. Sa porcherie compta 80 têtes. Mais une maladie contagieuse décima le cheptel en quelques jours, les animaux n'ayant jamais été vaccinés. Il faut dire que les services vétérinaires sont inexistants dans la région.

Voilà donc un exemple de lieux où l'État pourrait apporter beaucoup. Former des techniciens agricoles et leur donner les moyens d'agir et d'encadrer les petits producteurs agricoles. En trois ans il serait possible de former des techniciens vétérinaires et agricoles compétents. Mais une fois qu'on les aura formés, il faudra les équiper et les garder motivés dans leur travail d'encadrement des producteurs. L'État pourrait accorder davantage de crédits aux petits producteurs, afin qu'ils se procurent plus facilement les intrants. Enfin, l'État pourrait encourager la recherche appliquée dans le domaine de la transformation et de la conservation des aliments. À dire la vérité, la nourriture ne manque pas toujours en Afrique. Il est surprenant de voir parfois la nourriture pourrir dans un coin du pays, faute d'infrastructures et de moyens pour l'acheminer là où sont les consommateurs.

La scène est à peine croyable. Cela se passe à Mbanza-Ngungu, à 150 kms à l'ouest de Kinshasa. Dès l'aube, des femmes s'installent au bord de la route, assises derrière des paniers remplis de légumes frais. Elles y passeront la journée entière, dans l'espoir de vendre un tout petit peu de légumes aux passants. Mais le soir, elles devront retourner à la maison avec tous les légumes invendus. Ce stock invendu est classé perte totale ou presque, pour avoir été exposés la journée longue à l'humidité, à la chaleur et à la poussière soulevée par les camions en provenance du port de Matadi. Ces camions qui justement acheminent... la nourriture importée aux 10 millions d'âmes de Kinshasa, la mégapole. Dans ces camions, on transporte, entre autres produits, du poulet congelé européen alors que rien ne manque pour en produire sur place. On y trouve également du poisson congelé alors que le fleuve, les rivières et les lacs du Congo sont sous-exploités. Tenez, le Tanganyika est le lac le plus poissonneux au monde. Dans ces camions, on serait surtout surpris de découvrir des sacs d'oignons importés d'Europe, alors que ce légume est cultivé abondamment à Kimpese, la ville voisine de Mbanza-Ngungu. Allez y comprendre quelque chose !

1.2.2. **Explorer des possibilités dans l'artisanat**

Un autre domaine où les opportunités économiques sont nombreuses est l'artisanat. Encore une fois, ce secteur important est sous-exploité. Les produits de l'artisanat subsaharien sont divers, et des artistes africains regorgent des talents. Il est clair que beaucoup de ces produits artisanaux subsahariens trouveraient des marchés extérieurs. À Nsioni, petite ville du Bas-Congo, nous nous sommes pris à admirer le travail de jeunes ébénistes qui fabriquaient des fauteuils et des chaises en rotin. Les meubles produits par ces artisans autodidactes dans du bois tropical étaient tout simplement beaux. Ces chefs-d'œuvre auraient pu trouver place dans les magasins de meubles d'Europe ou d'Amérique, à côté des meubles dessinés par de célèbres designers du monde. Dans ces magasins, les meubles subsahariens auraient pu se vendre cher. Seulement voilà. Pour que cela se produise, il reste à résoudre deux problèmes. Le premier concerne le fait que ces jeunes artisans ignorent la technique de production de meubles en pièces détachées. Le retard pris par l'Afrique subsaharienne dans ce sens lui est préjudiciable. Elle doit absolument le combler si elle veut espérer devenir un jour une région émergente. Ce problème peut être résolu aisément, en autant que les gouvernements découvrent et apprécient à sa juste valeur tout le bénéfice économique qu'on peut tirer de l'artisanat. De la formation et de l'encadrement techniques pourraient être offerts aux artisans, afin de combler leurs lacunes.

Le deuxième problème est plus difficile à résoudre. Il se rapporte à l'absence d'un chaînon entre le lieu de production et les magasins d'Europe et d'Amérique. Les artisans africains ont beau produire, il faut arriver à placer leurs produits sur les rayons des magasins des pays du nord. Si les opérateurs économiques africains pouvaient seulement s'intéresser à l'exportation des produits artisanaux du continent! Non seulement ils découvriraient de nouvelles possibilités d'affaires, mais ils contribueraient davantage à rendre les économies de leurs pays plus fortes. Si seulement dans les ambassades des pays africains en Occident, la moitié du personnel travaillait, avec envie, à faire connaître et à faire vendre les produits artisanaux africains! On pourrait alors aspirer à concurrencer la Chine un jour.

Aujourd'hui nain économique, l'Afrique subsaharienne a le potentiel pour être, d'ici le milieu du siècle, une zone émergente et devenir un géant économique à la fin de ce même siècle. C'est possible, à condition que cette région du monde exploite toutes les opportunités économiques qui s'offrent à elle, y compris dans l'exportation des produits artisanaux. Celle-ci rapporterait des revenus supplémentaires aux pays, créerait des emplois et stimulerait l'entreprenariat. L'Afrique de demain devra être forte économiquement. Cette force se mesurera par le nombre de porte-containeurs qui sortiront du continent. Il faut inverser le sens des porte-containeurs, qu'il en sorte de loin plus qu'il n'en rentre. C'est à ce prix que se gagnera le pari du vrai décollage.

1.2.3. **Mettre en valeur le potentiel touristique**

L'Afrique subsaharienne possède un potentiel touristique intéressant mais qui demeure ignoré. Il est évident que s'il était mis en valeur, le potentiel touristique africain génèrerait des revenus appréciables et mènerait à la création de milliers d'emplois dans les pays. Les quelques rares pays à avoir fait le choix d'investir dans ce secteur économique en tirent des avantages notables. C'est le cas notamment de l'Afrique du sud, de la Tanzanie, du Kenya et du Sénégal.

L'Afrique subsaharienne gagnerait à développer son potentiel touristique, même si, comparée aux autres continents, cette région souffre de plusieurs handicaps. Le premier handicap de l'Afrique subsaharienne au plan touristique est d'ordre climatique. Région entièrement tropicale, l'Afrique subsaharienne ne possède pas d'hiver. L'hiver austral n'en est pas un, à strictement parler. Il en résulte que l'Afrique subsaharienne se prive d'emblée du tourisme d'hiver et des compétitions sportives internationales d'hiver.

Le deuxième handicap qui freine l'essor de l'industrie touristique subsaharienne est l'insuffisance ou tout simplement le manque d'infrastructures. Cette lacune est majeure; elle marginalise l'Afrique subsaharienne et bride toute tentative d'essor, peu importe le domaine.

Le troisième handicap est en lien avec la sécurité des individus et des biens, au plan politique. L'instabilité politique dans de nombreux pays et le climat d'insécurité qui y règne vouent à l'échec toute entreprise téméraire qui voudrait développer le tourisme dans le pays.

De plus, hors l'Afrique subsaharienne, la plupart des pays, à commencer par les pays de l'hémisphère nord, ont fait du tourisme une spécialité. Chaque pays, chaque région, chaque ville attire son lot de touristes et le veut croissant. Ces pays mettent le paquet pour la mise en valeur de leur potentiel touristique. Ces pays possèdent des sites d'intérêt historique de notoriété mondiale: pyramides pharaoniques, Colisée, Acropole, Muraille de Chine, etc. Si l'Afrique subsaharienne ne manque pas de sites d'intérêt historique, ceux d'une grande valeur telles les villes millénaires de Djenné et de Tombouctou se comptent à peine au bout de doigts.

Est-ce à dire que cette région doit faire une croix sur l'industrie touristique ? Évidemment que non. En dépit des handicaps dont il souffre, le potentiel touristique africain mériterait d'être valorisé. Tout d'abord, l'absence d'hiver n'est pas une fatalité. On développe le tourisme avec ce qu'on a. Mieux, l'absence d'hiver pourrait devenir un avantage au plan touristique. En effet, dans les pays froids, durant les longs hivers, la chaleur naturelle devient aussi précieuse que l'or. À Noël notamment, ils sont des millions à s'envoler à destination des pays chauds pour se réchauffer qui du corps qui du moral. Ces voyageurs sont prêts à payer pour. La distance ne les effraie pas ; plus loin on va chercher la chaleur, mieux ce sera : les Caraïbes, la Floride, les Îles indonésiennes à l'autre bout du monde..., etc. Cette chaleur qui fait courir telle une denrée rare, l'Afrique l'a en abondance. Elle pourrait s'attirer quelques millions d'âmes en quête de chaleur, de décompression, de dépaysement et d'exploits en tous genres et qui encore une fois sont prêts à payer.

Les atouts de l'Afrique subsaharienne ne s'arrêtent pas à la chaleur naturelle. Ses côtes, ses fleuves, ses lacs grands et petits, ses parcs, sa flore sont autant de preuves de son immense potentiel touristique. Cependant, il faut se rendre à l'évidence que le fait d'avoir ce potentiel ne suffit pas pour attirer des touristes. Il doit être mis en valeur ; il faut doter les pays des infrastructures et surtout y instaurer un climat de sécurité durable. Madagascar, la grande île africaine dans l'Océan indien peut être citée en exemple. Madagascar détient une flore riche et unique au monde. Ce pays pourrait tirer de revenus substantiels du tourisme si toutes les conditions étaient réunies. Malheureusement, l'instabilité politique qui règne dans le pays l'empêche de tirer profit d'une ressource disponible et sur laquelle il devrait compter.

Le fait de ne pas disposer d'un grand nombre de sites d'intérêt historique ne constitue pas une fatalité non plus. On pourrait exploiter les nouveaux sites nés de l'histoire récente. Des sites religieux comme Touba, la Mecque des membres de la confrérie de la Mouridiya au Sénégal, devraient attirer à l'évidence davantage des touristes. Dans cette veine, on ne peut s'empêcher de penser à Nkamba au Congo. La Jérusalem des adeptes du kimbanguisme attirerait des touristes des quatre coins du monde. Mais, il faut en convenir, la stabilité politique et l'existence d'infrastructures sont des conditions indispensables à tout projet de développement touristique.

Le premier volet de la discussion que nous venons de mener montre que de nombreuses opportunités économiques s'offrent à l'Afrique subsaharienne. Elles sont dans le nouveau partenariat avec les BRICS ; elles sont également dans la diversification de la production économique qui invite à scruter des possibilités nouvelles dans l'agriculture, dans l'artisanat et dans le tourisme. La diversification de la production économique apporterait des revenus supplémentaires et surtout contribuerait à lutter contre le chômage de masses qui empêche le décollage économique du continent. C'est une voie précieuse à explorer et il faut le faire avec envie et conviction. Le jeu en vaut la chandelle.

2. Faire de la démographie subsaharienne une force

Nous avons vu dans les chapitres précédents que l'Afrique subsaharienne a manqué d'hommes au moment où en Europe une expansion démographique préparait le terrain à la révolution industrielle. Nous avons suggéré, comme bien d'autres avant nous, que le sous-peuplement de l'Afrique subsaharienne qui a duré jusqu'au XXe siècle a été préjudiciable à cette partie du monde. Qu'en est-il de ce début du XXIe siècle ?

Aujourd'hui, les choses ont changé. Dans l'Entre-deux-guerres, l'Afrique subsaharienne a vu sa situation démographique s'améliorer. Les mesures de santé publique instaurées par l'autorité coloniale tout comme la découverte de la pénicilline par Fleming ont eu pour conséquence la baisse du taux de mortalité. Du coup, la croissance démographique subsaharienne s'est accélérée. Une première rupture, indique Jaques Giri, est intervenue lorsque la croissance démographique atteignit 1 %, amenant la population subsaharienne à quelque 160 millions d'individus au milieu du XXe siècle[421]. Une deuxième rupture a eu lieu dans les années 1950 alors que le taux d'accroissement annuel de la population a dépassé alors 2 %. Durant les années 1960 et 1970, ce taux augmenta encore pour atteindre 3 %, certains pays le dépassant largement[422]. Dans les années 1980, l'Afrique subsaharienne, dernière région du monde à le faire, entame sa transition démogra-

421. Jacques Giri, *L'Afrique en panne : vingt-cinq ans de « développement »*, Paris, Éditions Karthala, 1986, p. 16.
422. *Ibid.*

phique[423]. Ainsi, d'après les estimations de la Banque mondiale, le taux de croissance démographique annuel de l'Afrique subsaharienne serait aujourd'hui de l'ordre de 2,5 %[424].

En dépit de l'entrée de l'Afrique subsaharienne dans la transition démographique, sa population continuera de croître, bien plus qu'ailleurs. Selon les projections révisées 2010 du Département économique et social des Nations Unies, en 2060, la croissance annuelle de l'Afrique subsaharienne sera de 1,3 % contre 0.44 % pour le monde. Si ces prévisions se confirment, l'Afrique subsaharienne aura alors une population d'environ 2,3 milliards d'habitants, dépassant à la même époque à la fois la Chine (1, 2 milliards) et l'Inde (1, 7 milliards)[425].

Cette croissance démographique subsaharienne tardive suscite de vives craintes chez les économistes et démographes néo-malthusiens, certains la qualifiant de « bombe démographique ». Selon eux, avec une telle croissance démographique, l'Afrique subsaharienne court droit à la catastrophe. Les scénarios pessimistes qu'ils élaborent se basent notamment sur la

423. Dans le contexte subsaharien, celle-ci signifie que la croissance démographique amorce une baisse, résultant, entre autres choses, de la baisse relative de la mortalité et du recul de l'âge légal au mariage dans bon nombre de pays.
424. Banque mondiale « La population de l'Afrique subsaharienne devrait doubler d'ici à 2036 », [en ligne], http://web.worldbank.org/WBSITE/EXTERNAL/ACCUEILEXTN/PAYSEXTN/AFRICAINFRENCHEXT/0,,contentMDK:21713202~pagePK:146736~piPK:226340~theSitePK:488775,00.html (page consultée le 07 septembre 2013)
425. United Nations, Department of Economic and Social Affairs, Population Division, *World Population Prospects : The 2010 Revision*, vol. II : « Demographic Profiles » [en ligne] http://esa.un.org/wpp/Documentation/WPP%202010%20publications.htm (page consultée le 07 septembre 2013).

« pression » exercée sur les écosystèmes, ce qui mènera donc inévitablement à la famine, à la dégradation de l'environnement, à davantage de conflits, de maladies et de misère.

Si ces scénarios pessimistes sont probables, sont-ils pour autant inéluctables ? Il n'y a rien d'inéluctable dans le cheminement d'un peuple décidé à saisir les opportunités que lui offre l'histoire afin de devenir maître de sa destinée. L'Afrique subsaharienne ne pourrait-elle pas faire de sa démographie une force ? Ne pourrait-elle pas considérer cette démographie comme un formidable atout et en faire un potentiel de développement ?

Aujourd'hui, la population d'Afrique au sud du Sahara est jeune : 44 % ont moins de 15 ans. Avec une telle proportion de jeunes, la population subsaharienne active est faible en ce moment. Cependant en 2050, la part de la population subsaharienne active deviendra significative. Le rapport de dépendance subsaharien sera alors très favorable[426]. La région bénéficiera alors du bonus démographique du fait de la présence d'une population active nombreuse par rapport à la population dépendante. Si hier le bonus démographique s'est révélé bénéfique pour le développement économique de l'Asie, pourquoi ne le serait-t-il pas demain pour l'Afrique subsaharienne ?

Bien sûr il ne suffira pas d'avoir suffisamment de personnes en âge de travailler pour que le développement économique de

426. Le rapport de dépendance calcule pour un pays ou une société donnés le nombre de personnes que chaque travailleur prend en charge.

l'Afrique soit assuré. Pour tirer avantage du bonus démographique à venir, il faudra fournir à peu près à tous ces individus en âge de travailler des emplois et de bons emplois. Quelle force économique formidable que cette Afrique de 2050 si toute sa population active travaillait réellement et devenait de vrais consommateurs ! D'ici là, il faut préparer cette jeunesse en lui procurant une formation adéquate. L'éducation doit être le fer de lance de ce combat économique pour le décollage de l'Afrique. Seulement, l'éducation africaine doit être repensée car elle aussi est en crise sur bien des aspects mais pas tous. Au plan strictement quantitatif, l'éducation est l'un des domaines où l'Afrique a accompli des progrès indéniables au cours des 50 dernières années. Certes, le continent affiche toujours les taux de scolarisation les plus faibles au monde mais, d'une année à l'autre, les statistiques africaines ont été globalement en progression.

Cependant, alors que l'Afrique a accompli des progrès quantitatifs indéniables en éducation, cela s'est fait au détriment de la qualité. L'enseignement offert sur le continent a perdu beaucoup de sa qualité, on en conviendrait. Bien que les gouvernements aient dans l'ensemble consacré une part substantielle de leurs maigres recettes d'exportation à l'éducation, le secteur est demeuré globalement sous-financé, compte tenu des énormes besoins engendrés par une population galopante. D'un bout à l'autre de l'Afrique subsaharienne, hormis les écoles des villes, en campagne notamment, on découvrira des écoles désuètes, dignes d'un autre siècle : des écoles en nombre insuffisant par endroits et donc trop éloignées pour certains enfants ; des salles de classe pleines à craquer ; des bâtiments délabrés ; des enseignants qui manquent de matériel nécessaire ; des élèves qui manquent de livres ; des écoles sans bibliothèque ; et parfois des enseignants touchant un salaire de misère. On devrait avoir une idée des conditions scolaires des jeunes du Mexique, du Brésil ou de Corée qui, en 2050, devraient être les compétiteurs des jeunes Africains en formation aujourd'hui.

Les universités ne sont guère mieux loties. Les universités africaines, ces perles des années 1950, 1960 et même des années 1970, ont perdu de leur lustre. Ici aussi, les progrès quantitatifs ont été réalisés au détriment de la qualité. Des salles de cours bondées, des enseignants en manque de moyens pour faire leur travail ; des étudiants venus de l'intérieur pour étudier en ville qui mènent une vie de misère sur les campus ; des laboratoires archaïques. Nous avons vu des établissements sans laboratoires qui formaient des ingénieurs !

Visiblement, on ne peut pas en rester là. Il y a une telle soif d'apprendre sur le continent et les besoins en éducation sont si énormes qu'il faut mettre plus de moyens dans le système si on veut rehausser la qualité de l'enseignement. On pourrait y parvenir si des choix judicieux étaient faits. Ne serait-il pas plus utile que les moyens de l'État servent davantage à soutenir l'enseignement de base qui doit être généralisé et rendu obligatoire ? La SPU[427], on en conviendra, même si elle était atteinte, nous paraît insuffisante compte tenu de la baisse

427. La Scolarisation Primaire Universelle, figure parmi les 8 Objectifs du millénaire des Nations Unies. Ces objectifs définis lors du Sommet du millénaire au siège des Nations Unies en 2000 à New York, devraient être atteints en 2015.

de la qualité de l'éducation africaine. Il faut rendre obligatoire l'école en Afrique, non seulement l'école primaire mais y ajouter deux ou trois années obligatoires du cycle secondaire.

Pour leur permettre d'être à la page et de dispenser de la formation au XXIe siècle, on pourrait imaginer un recyclage systématique dont bénéficieraient tous les cinq ans les enseignants des écoles élémentaires. Des petits modules de formation très utiles pourraient être conçus. Ces enseignants pourraient être initiés aux nouvelles technologies pour introduire progressivement l'ordinateur à l'école.

Compte tenu des besoins dans l'agriculture, dans l'artisanat et dans bien d'autres domaines, il ne serait peut-être pas mauvais de revaloriser l'enseignement technique. Si on généralisait l'enseignement de base (6+2 ou 6+3) et qu'on revalorisait l'enseignement technique, il y aurait probablement moins de pression exercée sur les universités qui n'en peuvent plus. Au Congo, on crée des universités à tour de bras. Toutefois, la plupart de ces établissements n'ont d'université que le nom.

L'enseignement universitaire mériterait d'être réorganisé, dans le but d'en rehausser la qualité. Il faudrait que les universités deviennent des pôles de recherche. Les Africains de la diaspora pourraient apporter leur concours dans cette mission. Les Africains sont aux quatre coins de la planète. Plusieurs parmi eux ont reçu une formation universitaire poussée. On les retrouve dans toutes les universités du monde et dans toutes les disciplines. Il en est parmi eux qui sont des sommités dans leur discipline. Peut-on trouver des façons de faire pour qu'ils apportent leur contribution dans la mission de rehausser la qualité de l'enseignement universitaire en Afrique ? Nous sommes persuadé que beaucoup seraient prêts à retourner au pays d'origine, même pour de brefs séjours, dans le cadre d'un projet utile et stimulant.

S'il faut encourager la recherche fondamentale universitaire, en revanche une place de choix doit être accordée à la recherche appliquée. Il faut que l'université développe des compétences qui soient proches des besoins globaux du pays. Ces besoins, est-il besoin de le rappeler, sont énormes : en agriculture, en santé, dans les infrastructures, en aménagement de territoires, en développement d'affaires, en gestion d'entreprises, etc.

Enfin, il est indispensable que des jeunes formés trouvent du travail, si possible dans leur domaine. Trop de compétences sont encore parfois gaspillées. Cela fait bientôt trente ans que Guy Belloncle décrivant une « école africaine dans l'impasse » évoquait déjà ce gaspillage :

> Enfin, bien sûr, il y aurait lieu de « planifier » de façon rigoureuse les enseignements secondaire et supérieur en fonction des capacités d'emploi existantes et rompre ainsi avec la logique absurde qui conduit à consacrer la quasi totalité des possibilités d'investissement nationales (pourtant déjà faibles) à la formation de diplômés condamnés au chômage parce que l'on n'a pas commencé par créer des emplois nécessaires[428].

428. Guy Belloncle, *La question éducative en Afrique*, Paris, Éditions Karthala, 1984, p. 38.

Trop d'ingénieurs qui faute d'être utilisés sont devenus des professeurs de mathématique ou de physique, quand on pense qu'il y a un manque cruel de ponts, de routes et de nourriture sur le continent ! Qu'on se pose la question : à quoi cela sert-il de former des jeunes si on ne peut pas leur garantir la chance de trouver un emploi ? L'État doit soutenir et encourager l'entreprise privée afin que celle-ci embauche les jeunes. Aujourd'hui, deux options seulement s'offrent aux diplômés : entrer dans la fonction publique – où il y a de moins en moins de possibilités depuis les plans d'ajustement structurels des années 1980 – et rejoindre le secteur informel qui ne refuse personne.

Le secteur informel, dont on a souvent vanté le dynamisme, ne peut pas servir de base pour le décollage économique de l'Afrique. Ce secteur qui regroupe des micro-entreprises en marge du secteur formel de l'économie doit être pris pour ce qu'il est : un ramassis d'activités de survie. Le capital de ces entreprises est souvent dérisoire ; il ne comporte pas d'immobilisations – ou alors très peu -, l'essentiel du capital étant circulant. Ainsi, par exemple, dans les environs de Bobo-Dioulasso, les femmes qui préparent le dolo (bière traditionnelle à base de mil) ont un capital qui ne dépasse guère les 20 000 francs CFA (50 dollars américains). L'essentiel du capital sert à acheter le mil. Après la vente, le petit bénéfice est affecté à la survie du ménage alors que le capital est réinvesti immédiatement. On peut difficilement envisager l'avenir du continent avec les entreprises du secteur informel. La faiblesse du capital en jeu fait de telles entreprises des activités de survie en contexte de crise pérenne. Il faut sauver ce qu'il y a de bon dans le secteur informel : l'initiative, l'esprit d'entreprise, la souplesse opérationnelle et en aider les entreprises à progresser pour devenir de vraies petites structures de production formelles et dynamiques.

3. Stabilité politique et bonne gouvernance

Dans ce dernier point, nous ne prétendons pas que la démocratie qui est de retour sur le continent depuis les années 1990 a réussi à s'enraciner. L'actualité politique africaine montre que les expériences démocratiques tentées ci et là connaissent des fortunes plutôt diverses. Il est des pays qui ont mordu à la démocratie ; il en est où des régimes politiques se montrent toujours peu réceptifs à la démocratie alors que dans d'autres on pratique une démocratie sans grande conviction, disons une démocratie de façade. Nous aurons l'occasion de traiter de cette question ailleurs. Cependant, quel que soit le cas, même là où l'on reste peu réceptif à la démocratie, quelque chose semble avoir changé. Les gouvernants n'ont plus les coudées aussi franches que dans les années 1970 et 1980. Dans tous les pays, il y a des partis d'opposition, même si une véritable culture politique fait défaut à beaucoup de leaders politiques ; partout existe une presse plus ou moins indépendante ; partout existe aussi une société civile, même si souvent elle manque de moyens nécessaires pour jouer son rôle. Ces individus ne sont plus tous prêts, comme cela se faisait jadis, à applaudir aveuglément des gouvernants qui trichent ; ils ne sont plus prêts à fermer les yeux devant la mauvaise gouvernance qu'ils ont même le courage de dénoncer, parfois au péril de leurs vies. Fini le temps des béni-oui-oui. Des droits de l'homme sont encore violés dans bon nombre de pays, la corruption gangrène encore de nombreux États, mais les gouvernants se savent surveillés par les peuples d'en bas. Quelque chose a changé, mine de rien.

Ce petit quelque chose qui a changé est un pas dans la bonne direction; on peut parier qu'il contribuera dans le long terme au renforcement des institutions. Des institutions solides permettront que s'installe et que s'enracine une véritable culture de la bonne gouvernance. Ce petit quelque chose qui a changé contribue, sans qu'on s'en rende compte, à jeter les bases de l'Afrique de demain, qui, nous l'espérons verra se réaliser le projet pour lequel à l'échelle du continent une foule en liesse dansa le Cha cha voici une cinquantaine d'années.

Conclusion

Dans ce livre, nous avons poursuivi un double objectif. Tout d'abord, nous avons procédé à une lecture du passé de l'Afrique subsaharienne en vue d'expliquer son présent. À l'intérieur de ce passé long de quatre siècles, un fait a retenu notre attention : la stagnation de la démographie subsaharienne entre 1800 et la fin de la Première Guerre mondiale, une évolution qui tranche avec celles des autres continents. Nous avons identifié et documenté les principales causes du phénomène. Si le soupçon est généralement entretenu à l'idée que les traites négrières et la colonisation de l'Afrique pourraient avoir eu des conséquences sur la démographie subsaharienne, notre recherche a enrichi le soupçon. Nous avons montré qu'en même temps que se déroulaient les traites négrières et la colonisation, un autre type de facteurs étaient également en jeu : les aléas climatiques. Nous avons montré que les aléas climatiques ont contribué au phénomène, vu la particularité de l'environnement physique du continent africain. Sur ce point, notre recherche a enrichi la réflexion en suggérant une approche renouvelée et originale de lien probable entre les aléas climatiques et la démographie de l'Afrique au sud du Sahara.

Si nous avons décidé de consacrer quatre chapitres de notre livre à la documentation des causes de la stagnation de la démographie subsaharienne entre 1800 et la fin de la Première Guerre mondiale, c'est parce que nous croyons que ce phénomène a eu des conséquences qui ont retenti sur le devenir de cette partie du monde. L'Afrique subsaharienne a manqué d'hommes et de femmes au moment justement où il en fallait. L'ironie de l'histoire veut que ce qui retient désormais l'attention au sujet de l'Afrique est sa démographie qualifiée de «bombe» par certains qui y voient une source d'inquiétudes permanentes. Cette démographie, suggèrent-ils, va mener inexorablement l'Afrique à la catastrophe. Une perspective historique du genre de celle que nous avons adoptée dans ce travail relativise quelque peu les inquiétudes relatives à la démographie africaine.

Certes, il n'est pas question de nier les problèmes réels qui émaillent le quotidien des Africaines et des Africains: pauvreté, maladies, sida, analphabétisme, famine, destruction de l'environnement, itinérance des enfants, guerres, etc. Mais voir dans la démographie africaine uniquement la cause de tels problèmes est réducteur. Et si c'était plutôt ces problèmes qui expliqueraient en partie les comportements démographiques des Africains ? Là où les chances de survivre ne sont pas données au départ, là où la mort est le lot, il devient tentant de mettre au monde davantage d'enfants dans l'espoir qu'il puisse en survivre un. Là où les États ne sont pas parvenus à procurer une sécurité sociale à leurs citoyens, il faut bien que le mode traditionnel de la solidarité fonctionne encore. Les enfants sont la sécurité sociale des parents.

L'analyse sociologique qui aboutit à isoler la question démographique africaine et à interpréter des comportements démographiques autrement que par le prisme culturel est erronée. La position partagée et défendue par les néo-malthusiens qui voient dans les comportements démographiques des Africains la cause de tous leurs problèmes est réductrice, voire irresponsable. À dire vrai, à terme, les Africains arriveront à maîtriser leur expansion démographique. Pour des raisons structurelles et d'autres liées à l'évolution présentes des sociétés africaines, il ne fait pas l'ombre d'un doute qu'à terme les comportements démographiques des Africains changeront. La scolarisation croissante des filles, l'ouverture des sociétés africaines à d'autres mentalités et modes de vie, tout cela provoque des attitudes nouvelles.

Plus sérieusement, disons que l'Afrique peut se sortir de tous ses problèmes actuels. Cette idée est au coeur de notre seconde préoccupation et qui a justifié les considérations présentées dans le dernier chapitre du livre « Une autre Afrique, c'est possible ». Il n'y a pas de raisons que les Africains se résignent. Ce qui jusqu'ici n'a pas été fait peut toujours l'être. Il n'y a pas de fatalité sur le chemin d'un peuple déterminé à saisir les chances que lui offre l'histoire pour changer son destin. Il y a quelques décennies encore, on disait les pires choses sur l'Inde et sa misère. Le Brésil était raillé. Aujourd'hui, l'Inde et le Brésil forcent l'admiration et la respectabilité. « ...et demain l'Afrique » écrivit jadis Edem Kodjo[429]. Pourquoi demain ne serait-il pas au tour de l'Afrique d'imposer au monde sa dignité ?

Dans cette seconde préoccupation, nous nous sommes tourné plutôt vers l'avenir. Nous avons exploré les voies pour un décollage réussi de l'Afrique. Le ton a été délibérément

429. Kodjo, Edem, *... et demain l'Afrique*, Paris, Stock, 1985, 306 p.

optimiste. Dans cette réflexion, une place de choix a été faite à l'économie. Non pas que nous soyons devenu un fervent adepte du tout économique, mais parce que le combat pour le décollage de l'Afrique se mènera et devra se gagner sur ce terrain. Pour l'heure, la force économique de l'Afrique se résume en un chiffre : elle pèse pour moins de 3 % dans le commerce mondial. Or sur ce terrain de l'économie, des opportunités s'offrent à l'Afrique à l'instar du nouveau partenariat avec les pays émergents. D'autres opportunités sont à créer dans des secteurs qui jusqu'ici avaient été négligés : l'agriculture, l'artisanat et le tourisme.

À côté de ces opportunités, nous avons indiqué que l'Afrique peut également tirer avantage de sa démographie. À cause de la jeunesse de sa population, l'Afrique va bénéficier, pendant quelques décennies d'un rapport de dépendance favorable. Ce bonus démographique appuiera l'essor de son économie. À condition, bien entendu, de créer des emplois, de vrais emplois pour toute cette population active. On peut y arriver si la volonté et la détermination politiques s'imposent. Si elles étaient considérées, les opportunités économiques dont nous avons discuté dans ce livre devraient mener à modifier la courbe de chômage sur le continent.

En attendant, la jeunesse subsaharienne doit être mieux préparée au rôle qu'elle aura à jouer. L'éducation demeure un des moyens essentiels du décollage économique de l'Afrique. Pourtant l'éducation africaine est en crise. Alors que des progrès quantitatifs ont été réalisés dans le domaine, la qualité n'y est plus. Nous avons avancé des pistes, discutables on en convient, en vue de rehausser la qualité de l'enseignement en Afrique. Cet effort doit être fait, il ne peut en être autrement.

Une dernière raison d'espérer se situe sur le terrain politique. Les États africains ne sont pas encore des États de droits. La démocratie n'est pas encore suffisamment enracinée dans le continent. Cependant, il émerge tranquillement dans les pays ce qu'on pourrait considérer comme des contre-pouvoirs. Face à la corruption, au népotisme, à la violation des droits de l'homme et à la survivance de la politique du ventre (Jean-François Bayart), les gens d'en bas ne sont plus prêts à fermer l'œil comme ils le faisaient encore hier. Ce semblant de climat nouveau devrait à terme conduire à un renforcement des institutions, premier pas sur le chemin d'un État de droits. Moins il y aura d'abus de pouvoir, moins il y aura de corruption, plus il restera d'argent dans les caisses de l'État pour soutenir l'économie, les entreprises, la création d'emplois, la santé et l'éducation.

Les idées que nous avons avancées dans ce livre relativement à l'avenir de l'Afrique sont loin d'être parfaites, nous le reconnaissons volontiers et l'assumons. Nous espérons cependant que le livre sera lu sur le continent et que ses idées auront le mérite d'être discutées. Des générations entières sont mortes sans avoir vu le jour tant espéré de la sortie de la grande nuit. Aujourd'hui, d'un bout à un autre du continent, beaucoup d'Africains, las d'attendre, ont cessé d'y croire. D'autres, plus âgés, qui ont connu la colonisation sont pris de nostalgie. Au Congo, les personnes âgées regrettent le «temps flamand». «C'était la belle époque, disent-ils, nous mangions à notre faim. » Comment leur redonner espoir en l'avenir ? Si les occasions présentes sont saisies, l'Afrique espérée pourrait venir plus vite que nous ne le pensons.

Bibliographie

AMSELLE, Jean-Loup et Elikia M'BOKOLO, *Au coeur de l'ethnie : ethnies, tribalisme et état en Afrique*, Paris, La Découverte, 1985, 225 p.

BAKER, S.J.K., "A Background to the Study of Drought in East Africa", in David Dalby, R.J. Harrisson Church and Fatima Bezzaz, *Drought in Africa 2. Sécheresse en Afrique 2* (edited by), London, International African Institute, 1977, pp. 74-82.

BANQUE MONDIALE « La population de l'Afrique subsaharienne devrait doubler d'ici à 2036 », [en ligne], http://web.worldbank.org/WBSITE/EXTERNAL/ACCUEILEXTN/PAYSEXTN/AFRICAINFRENCHEXT/0,contentMDK:21713202~pagePK:146736~piPK:226340~theSitePK:488775,00.html (page consultée le 07 septembre 2013)

BECKER, Charles, « Notes sur les Conditions Écologiques en Sénégambie aux 17e et 18e siècles », in *African Economic History*, n° 14 (1985), pp. 167-216.

BELLONCLE, Guy, *La question éducative en Afrique*, Paris, Éditions Karthala, 1984, 271 p

BERRY, Leonard, David J. CAMPBELL and Ingemar EMKER, "Trends in Man-Land Interaction in the West African Sahel", in David Dalby, R.J. Harrisson Church and Fatima Bezzaz, *Drought in Africa 2. Sécheresse en Afrique 2* (edited by), London, International African Institute, 1977, pp. 83-91.

BERTZ, Ned, "Traces of the Past, Fragments for the Future : South-South Cooperation (SSC) in the Indian Ocean", in *South-South Development Cooperation. Africa on the Centre Stage*, edited by Renu Modi, Mumbai, Centre for African Studies, University of Mumbai, India, 2011 ; pp. 61-63.

BLONDIN, Denis, *Les deux espèces humaines. Autopsie du racisme ordinaire*, Lachine (Québec), Les Éditions de la Pleine lune, 1994, 300 p., coll. « la Parole et le Geste ».

BOECK, Guy de, *Baoni. Les révoltes de la force publique sous Léopold II. Congo 1885-1908*, Anvers, Les éditions Epo, 1987, 400 p.

BROADMAN, Harry G., *Africa's Silk Road. China and India's new Economic Frontier*, Washington D.C., World Bank, 2007, 392 p.

CALDWEL, J. C., "Demographic Aspects of Drought: an Examination of the African Drought of 1970-74", in David Dalby, R.J. Harrisson Church and Fatima Bezzaz, *Drought in Africa 2. Sécheresse en Afrique 2* (edited by), London, International African Institute, 1977, pp. 93-100.

CHERU, Fantu, "South-South Cooperation: What Prospects for a New Bandung Consensus?", in *South-South Development Cooperation. Africa on the Centre Stage*, edited by Renu Modi, Mumbai, Centre for African Studies, University of Mumbai, India, 2011; p. 42-43.

COPPENS, Yves, «Une histoire de l'origine des hominidés», dans *Les origines de l'humanité*, dossier hors série, *Pour la Science*, janvier 1999, pp. 16-23.
COPPENS, Yves, *Le singe, l'Afrique et l'homme*, Paris, Fayard, 1991, 255 p.

COQUERY-VIDROVITCH, Catherine, *Afrique noire. Permanences et ruptures*, 2e édition révisée, Paris, L'Harmattan, 1993, 450 p.

COQUERY-VIDROVITCH, Catherine, «Les populations africaines du passé», dans Dominique Tabutin, *Population et sociétés en Afrique au sud du Sahara* (sous la direction de) Paris, L'Harmattan, 1988, pp. 51-72.

CROWDER, Michael, "West Africa and the 1914-1948 war", in *Bulletin de l'Institut fondamental d'Afrique noire*, série B. Sciences humaines, tome XXX, n° 1, janvier 1968. pp. 227-247.

DAVIS, Mike, *Génocides tropicaux. Catastrophes naturelles et famines coloniales (1870-1900). Aux origines du sous-développement*, trad. de l'anglais (États-Unis) par Marc Saint-Upéry, Paris, La Découverte/Poche, 2006, 479 p.

DEMOULE, Jean-Paul, *Les origines de la culture. La révolution néolithique*, Paris, Éditions Le Pommier, 2008, 128 p.

DORIGNY, Marcel, «The Abolitions of Slavery (1793, 1794, 1884): Overview of a Symposium», in *From Chains to Bonds. The Slave Trade Revisited*, Paris/New York/Oxford, Unesco Publishing/Berghahn Books, 2001, pp. 274-282.

DUBRESSON, Alain et Jean-Pierre RAISON, *L'Afrique subsaharienne. Une géographie du changement*, Paris, Armand Colin, 2003, 246 p.
ECHENBERG, Myron, *Africa in the Time of Cholera. A History of Pandemics from 1817 to the Present*, New York, Cambridge University Press, 2011, 218 p.

ELA, Jean-Marc, *Quand l'État pénètre en brousse… : les ripostes paysannes à la crise*, Paris, Karthala, 1990, 268 p.

FANON, Frantz, *Les damnés de la terre*, Paris, Éditions La Découverte, 1985 [1961], 242 p.

GENDREAU, Francis, *La population de l'Afrique. Manuel de démographie*, Paris, CEPED et Karthala, 1993, 464 p.

GIDE, André, *Voyage au Congo*, Paris, Gallimard, 2008, 574 p., coll. « Folio ».

GIRI, Jacques, *L'Afrique en panne : vingt-cinq ans de « développement »*, Paris, Karthala, 1986, 204 p., coll. « Afriques ».

GUENGANT, Jean-Pierre, « La démographie africaine entre convergences et divergences », dans Benoît Ferry, *L'Afrique face à ses défis démographiques. Un avenir incertain* (sous la direction de), Paris-Nogent-sur-Marne/AFD-CEPED-Karthala, 2007, pp. 27-122.

HOCHSCHILD, Adam, *Les fantômes du roi Léopold II. Un holocauste oublié*, trad. de l'américain par Marie-Claude Elsen et Frank Straschitz, Paris, belfond, 1998, 443 p.

HUBLIN, Jean-Jacques, « Chapitre 15 : La longue marche d'*Homo erectus* », dans *Les origines de l'homme*, Paris, Éditions Tallandier, 1998, pp. 118-122.

ILIFFE, John, *Les Africains. Histoire d'un continent*, trad. de l'anglais par Jean-Paul Mourlon, Paris, Flammarion, 1997, 701 p., coll. « Champs histoire »

ILIFFE, John, *A Modern History of Tanganyika*, Cambridge, London, New York, Melbourne, Cambridge University Press, 1979, 616 p.

INIKORI, Joseph E., «Slaves or serfs? Acomparative study of slavery and serfdom in Europe and Africa», in OKPEWHO, Isidore, Carole BOYCE Davis et Ali A. MAZRUI *The African Diaspora. African Origins and New World Identities* (edited by), Bloomington and Indianapolis, Indiana University Press, 2002, pp.49-75.

INIKORI, Joseph E., «The Unmeasured Hazards of the Atlantic Slave Trade: Sources, Causes and Historiographical Implications», in *From Chains to Bonds. The Slave Trade Revisited,* Paris/New York/ Oxford, Unesco Publishing/Berghahn Books, 2001, pp.86-102.

INIKORI, Joseph E. and Stanley L. ENGERMAN, *The Atlantic Slave Trade. Effects on Economies, Societies, and Peoples in Africa, the Americas, and Europe,* Durham and London, Duke University Press, 1992, 414 p.

INTERNATIONAL MONETARY FUND, *World Economic and Financial Surveys. Regional Economic Outlook – Sub-Saharan Africa. Bulding Momentum in a Multi-Speed World.* [On line] http://www.imf.org/ external/pubs/ft/reo/2013/afr/eng/sreo0513.pdf (page consultée le 01 septembre 2013).

INTERNATIONAL MONETARY FUND, *World Economic and Financial Surveys. Regional Economic Outlook – Sub-Saharan Africa. Sustaining Growth amid Global Uncertainty.* [On line]http://www.imf.org/external/pubs/ft/reo/2012/afr/eng/sreo1012.pdf (page consultée le 12 juin 2012).

JOLY, Vincent, *Guerres d'Afrique. 130 ans de guerres coloniales. L'expérience française,* Rennes, Presses universitaires de Rennes, 2009, 336 p., coll. «Carnot»

KI-ZERBO, Joseph, *Histoire de l'Afrique. D'hier à demain,* Paris, Librairie A. Hatier, 1978, 768 p.

KLEIN, Martin A., "The Impact of the Atlantic Slave Trade on the Societies of Western Sudan", in Joseph E. Inikori and Stanley L. Engerman, *The Atlantic Slave Trade. Effects on Economies, Societies, and Peoples in Africa, the Americas, and Europe* (edited by), Durham and London, Duke University Press, 1992, pp. 25- 47.

KUHN, Thomas S. *The structure of Scientific Revolutions,* 4th edition, Chicago and London, The University of Chicago Press, 2012, 218 p.

Kouvibidila, Gaston-Jonas, *La fuite des cerveaux africains. Le drame d'un continent réservoir*, Paris, L'Harmattan, 2009, 273 p.

Le Monde, « L'Asie devient trop chère pour H&M, qui se tourne vers l'Afrique » [en ligne] http://www.lemonde.fr/economie/article/2013/08/20/l-asie-devient-trop-chere-pour-h-m-qui-se-tourne-vers-l-afrique_3463584_3234.htmlle (page consultée le 18 août 2013)

Levy, Brian, « Are Africa's Economic Reforms Sustainable ? Bringing Governance Back In », in Muna Ndulo, *Democratic Reform in Africa. Its Impact on Governance & Poverty Alleviation*, Oxford/Athens, James Currey/Ohio University Press, 2006, 304 p, pp. 126-149.

Lewis, Peter, "Growth without prosperity in Africa", in Fukuyama, Francis, Larry Diamond and Marc F. Plattner, *Poverty, Inequality, and Democracy*, Baltimore, The Johns Hopkins University Press, 2012, pp.123-137.

Londres, Albert, *Terre d'ébène (la traite des noirs)*, Paris, A. Michel, 1929, 268 p.

Lugan, Bernard, *Cette Afrique qui était allemande*, Paris, Éditions Jean Picollec, 1990, 270 p.

Manning, Patrick, « The Slave Trade and the Demographic Evolution of Africa », in *From Chains to Bonds. The Slave Trade Revisited*, Paris/New York/Oxford, Unesco Publishing/Berghahn Books, 2001, p. 103-118.

Mazenot, Georges, *Sur le passé de l'Afrique noire*, Paris, L'Harmattan, 2005, 536 p., coll. « Études africaines »

Mbembe, Achille, *Sortir de la grande nuit. Essai sur l'Afrique décolonisée*, Paris, La Découverte, 2010, 252 p.

Mbodo, Olivier M., « Violences ethniques en Afrique », dans *Relations*, numéro 715, mars 2007, pp. 32-34.

Mbodo, Olivier M. "Governance, economic performance and popular welfare in Africa : is the link clear ?", communication, *5th European Conference on African Studies. African dynamics in a multipolar world*, Instituto Universitario de Lisboa, Lisbon, June 27-29.

M'BOKOLO, Elikia, *Afrique noire. Histoire et Civilisations*, tome I: Jusqu'au XVIIIe siècle, Paris, Hatier, 1995, 496 p.

M'BOKOLO, Elikia, *L'Afrique entre l'Europe et l'Amérique. Le rôle de l'Afrique dans la rencontre des deux mondes 1492-1992* (sous la direction de), Paris, Éditions Unesco, 1995, 192 p.

MEIER, Astrid «Natural Disaster? Droughts and Epidemics in Pre-colonial Sudanic Africa», in *The Medieval History Journal*, 10, 1&2 (2007): pp. 209-236.

MICHEL, Marc, *Les Africains et la Grande Guerre. L'appel à l'Afrique (1914-1918)*, 2003, Éditions Karthala, 304 p.

MUPAWOSE, R. M., " Pattern and Impact of Drought in the SADCC Countries", in INTERNATIONAL DEVELOPMENT RESEARCH CENTRE, *Symposium on Drought in Africa. Proceedings and Summary Report of a Symposium held in Ottawa, Canada, on 12-14 August 1985. Manuscript Report*, Ottawa, IDRC, December 1985, p. 27.

MUSÉE NATIONAL DE PRÉHISTOIRE, *Le Sahara il y a 7 000 ans. Des lacs, des rivières et des hommes*, Paris, Publication de la Réunion des musées nationaux, 2009, 24 p.

N'DIAYE, Francine, «La colonie du Sénégal au temps de Brière de l'Isle (1876-1881)», dans *Bulletin de l'Institut fondamental d'Afrique noire*, série B. Sciences humaines, tome XXX, n° 2, avril 1968. pp. 463-512.

OLIVEIRA MARQUES, A. H. de, *Histoire du Portugal et de son empire colonial*, 2e éd., trad. du portugais par Marie-Hélène Baudrillart, Paris, Éditions Karthala, 1998, 616 p.

ORGANISATION DE L'UNITÉ AFRICAINE ET ORGANISATION DES NATIONS UNIES POUR L'ALIMENTATION ET L'AGRICULTURE, *La famine en Afrique. Situation, causes, prévention, lutte*, Rome, 1982, 40 p.

PICKFORD, Martin, «Chapitre 5: Nous descendons des grands singes africains», dans *Les origines de l'homme*, Paris, Éditions Tallandier, 1998, pp. 48-53.

PICQ, Pascal, «Chapitre 1: De Buffon à Lucy: l'histoire de la préhistoire», dans *Les origines de l'homme*, Paris, Éditions Tallandier, 1998, pp. 16-22.

PICQ, Pascal, «Chapitre 4: Classer les familles n'est pas un jeu d'enfant», dans *Les origines de l'homme*, Paris, Éditions Tallandier, 1998, pp. 44-47.

SENUT, Brigitte, «Les humains les plus anciens», dans *Les origines de l'humanité*, dossier hors série, *Pour la Science*, janvier 1999, pp. 66-69.

SENUT, Brigitte, «Chapitre 7: L'Afrique, berceau des préhumains», dans *Les origines de l'homme*, Paris, Éditions Tallandier, 1998, pp. 64-72.

SIDIKOU, Arouna Hamidou, *Sédentarité et mobilité entre Niger et Zgaret*, Niamey, Centre nigérien de recherche en sciences humaines, 1974, 274 p.

SOODYALL, Himla, «Genetic evidence for our recent African evolution», in Geoffrey Blundell, Origins. *The story of the emergence of humans and humanity in Africa* (edited by), Cape Town (Afrique du Sud) – London/Double Storey – Global, 2006, 168 p., p. 68.

TABUTIN, Dominique, «Réalités démographiques et sociales de l'Afrique d'aujourd'hui et de demain: une synthèse», dans Dominique Tabutin, *Population et sociétés en Afrique au sud du Sahara* (sous la direction de), Paris, Éditions L'Harmattan, 1988, pp. 17-50..

TATTERSAL, Ian, «Human evolution in Africa», in Geoffrey Blundell, *Origins. The story of the emergence of humans and humanity in Africa* (edited by), Cape Town (Afrique du Sud) – London/Double Storey – Global, 2006, 168 p., pp. 16-44.

TATTERSAL, Ian, «Les premiers exodes», dans *Les origines de l'humanité*, dossier hors série, *Pour la Science*, janvier 1999, pp. 70-77.

TSIKATA, Tsatsu, «Challenges of Economic Reform & Democratization: Some Lessons from Ghana», in Muna NDULO, *Democratic Reform in Africa. Its Impact on Governance & Poverty Alleviation*, Oxford/Athens, James Currey/Ohio University Press, 2006, 304 p, pp. 99-107.

TURNBULL, Colin M., *Un peuple de fauves*, trad. de l'américain par Claude Elsen, Paris, Stock, 1973, 290 p.

UNITED NATIONS, DEPARTMENT OF ECONOMIC AND SOCIAL AFFAIRS, POPULATION DIVISION, *World Population Prospects : The 2010 Revision*, vol. II : « Demographic Profiles » [en ligne] http://esa.un.org/wpp/Documentation/WPP%202010%20publications.htm (page consultée le 07 septembre 2013)

VAN REYBROUCK, David, *Congo. Une histoire*, trad. du néerlandais (Belgique) par Isabelle Rosselin, Paris, Actes sud, 2012, 711 p.

WOOD, Charles A. "A Preliminary Chronology of Ethiopian Droughts", in David Dalby, R.J. Harrisson Church and Fatima Bezzaz, *Drought in Africa 2. Sécheresse en Afrique 2* (edited by), London, International African Institute, 1977, pp. 74-82.

TABLE DES MATIÈRES

L'Afrique
aux éditions L'Harmattan

Dernières parutions

CHANGEMENTS DÉMOGRAPHIQUES ET DÉVELOPPEMENT DURABLE EN AFRIQUE
Vimard Patrice, Fassassi Raïmi
L'ouvrage situe tout d'abord les grandes lignes de la démographie du continent. Puis, après avoir replacé les débats relatifs aux politiques de population et de développement dans le contexte africain, les relations entre croissance démographique et développement sont analysées. Un ouvrage important pour mieux comprendre ce que sera l'avenir du continent.
(Coll. Etudes africaines, 13.50 euros, 120 p.)
ISBN : 978-2-296-99837-7, ISBN EBOOK : 978-2-296-53109-3

RÉVOLUTION CULTURELLE ET DÉVELOPPEMENT EN AFRIQUE
Kaputa Lota José - Préface de Pierre Mutunda Mwembo
Actuellement, la lutte entre l'Occident et l'Afrique est avant tout une lutte culturelle, et il est évident que l'on ne peut pas se développer avec une culture d'emprunt. Si l'Africain désire réellement le développement intégral et harmonieux de son continent, il doit entreprendre une révolution culturelle contre le néocolonialisme et les mentalités rétrogrades enkystées dans sa propre culture.
(Coll. Etudes africaines, 18.00 euros, 186 p.)
ISBN : 978-2-336-00929-2, ISBN EBOOK : 978-2-296-53123-9

ARTISANAT ET DÉVELOPPEMENT EN AFRIQUE DE L'OUEST
Kouassi Adack Gilbert
Est-il possible d'envisager, à notre époque, une politique de développement qui exclue toute émergence artistique ou culturelle du peuple concerné ? En d'autres termes, quel est l'apport de l'art dans le développement d'un pays comme la Côte d'Ivoire ? L'art actuel de l'Afrique doit être la synthèse conjuguée des arts traditionnels et modernes, sans toutefois ignorer l'un et l'autre dans sa spécificité.
(Coll. Harmattan Côte-d'Ivoire, 14.00 euros, 136 p.)
ISBN : 978-2-336-29285-4, ISBN EBOOK : 978-2-296-53082-9

CONFLITS (LES) ARMÉS AFRICAINS DANS LE SYSTÈME INTERNATIONAL
Transnationalisme ethnique et États dans la Corne de l'Afrique – 1961-2006
Mashimango Abou-Bar Abelard - Préface de Julian Fernandez
Étudier le phénomène des guerres contemporaines qui sévissent en Afrique exige une analyse historique, sociologique et politique fondée sur une approche multidisciplinaire de la polémologie et une culture géopolitique de l'Afrique néocoloniale, coloniale et postcoloniale. Cette étude s'articule autour des fondamentaux de l'approche transnationaliste et de la théorie de l'ethnicité.
(Coll. Études africaines, 45.00 euros, 450 p.)
ISBN : 978-2-336-29214-4, ISBN EBOOK : 978-2-296-53069-0

ÉLITES ET COMPROMISSIONS EN AFRIQUE
Légitimation d'un système et sous-développement au Gabon
Toung Nzue Jérôme - Préface de Bernardin Minko Mve
Comment comprendre et expliquer la perpétuation du système Bongo, alors que son bilan socio-économique est aux antipodes des potentialités énormes dont dispose le Gabon ? Cet ouvrage est

une analyse sociopolitique d'un système politique, et l'auteur décortique et critique ce système dont le processus de légitimation n'a fait que compromettre l'élite gabonaise.
(Coll. Études africaines, 22.00 euros, 218 p.)
ISBN : 978-2-296-99358-7, ISBN EBOOK : 978-2-296-53095-9

PENSER ET GÉRER LA DIVERSITÉ EN SOCIÉTÉ : REGARDS SUR L'AFRIQUE
Sous la direction de Prum Michel, Vircoulon Thierry, Mattioli Marie-Annick, Cros Bernard
Dans nos sociétés postmodernes, la diversité est devenue la principale grille de lecture sociologique, en même temps qu'un enjeu politique de premier plan. La diversité en société peut être pensée à travers différentes catégories. Ce livre concentre l'analyse sur l'Afrique, tout en conservant un contrepoint européen afin de mettre en évidence les variations géographiques du concept.
(Coll. Racisme et eugénisme, 18.00 euros, 179 p.)
ISBN : 978-2-343-00187-6, ISBN EBOOK : 978-2-296-53056-0

ART CHRÉTIEN AFRICAIN – Caractéristiques et enjeux
Cakpo Erick
Quelles sont les caractéristiques de l'art chrétien africain ? Les chrétiens africains doivent-ils disposer d'un art sacré de facture locale ? Cet ouvrage inscrit l'art chrétien africain dans le débat actuel de l'inculturation du message chrétien en Afrique.
(Coll. Études africaines, 22.00 euros, 222 p.)
ISBN : 978-2-336-29181-9, ISBN EBOOK : 978-2-296-53225-0

PÉTAUDIÈRE (LA) COLONIALE
Canu Adrien-Henri
Présentation de Boris Lesueur avec la collaboration de Roger Little
Les dénonciations des scandales nés des relations entre la France et le continent africain ne sont pas neuves. Dès la conquête, ce qui se passait aux colonies était scandaleux : népotisme, corruption, prévarication, incompétence... tous les vices de la République se répandaient outre-mer, créant une vraie pétaudière ! Le réquisitoire d'A. H. Canu n'épargne personne, ni la Marine, ni le tout nouveau ministère des Colonies, ni le lobby colonial et son personnage emblématique Eugène Étienne.
(Coll. Autrement mêmes, 24.00 euros, 196 p.)
ISBN : 978-2-343-00210-1, ISBN EBOOK : 978-2-296-51713-4

PARTENAIRES EN DÉVELOPPEMENT ET RÉDUCTION DE LA PAUVRETÉ EN AFRIQUE NOIRE
Amouzou Essè
Cet ouvrage jette un regard assez sceptique sur la lutte contre la pauvreté. Cette démarche humaniste qui est récurrente dans les discours des grands décideurs mondiaux et des organismes internationaux tranche étrangement avec la persistance de la pauvreté dans les sociétés du Tiers Monde. Le contraste se trouve ici éludé par une exploration objective des ressorts opaques des mécanismes financiers et des relations peu transparentes entre le Nord et le Sud.
(Coll. Études africaines, 27.00 euros, 270 p.)
ISBN : 978-2-336-00230-9, ISBN EBOOK : 978-2-296-51700-4

DÉMOCRATIE (LA) À L'ÉPREUVE DU RÉGIONALISME EN AFRIQUE NOIRE
Amouzou Essè
Cet ouvrage fait le bilan analytique des expériences africaines du multipartisme amorcé à l'entrée de la décennie 1990. Il relate les dominances événementielles des révolutions démocratiques en Afrique subsaharienne. Les grandes tendances de cette période résident dans les conférences nationales, l'adoption de constitutions démocratiques et des élections comme mode de dévolution du pouvoir. L'élément identitaire qui va miner les expériences démocratiques en Afrique noire est mis en exergue.
(Coll. Études africaines, 23.00 euros, 222 p.)
ISBN : 978-2-336-00267-5, ISBN EBOOK : 978-2-296-51699-1

IMPUNITÉ
Jusqu'où l'Afrique est-elle prête ?
Cours Nouveau, Revue africaine trimestrielle de stratégie et de prospective 9, 10, 2013
L'attitude toute récente de l'Afrique et des Africains de poursuivre en Afrique même, les leaders et les dirigeants convaincus de crimes contre l'Humanité, exprime une inversion de tendance qu'il y a lieu de soutenir et d'élargir, pour les portes qu'elle ouvre comme pour les nouvelles lignes d'horizon de pensée et d'action qu'elle laisse entrevoir. Voici donc venu le temps de repenser les questions stratégiques de l'Afrique, à commencer par celle des futurs Africains, en rapport avec l'action.
(37.00 euros, 356 p.)
ISBN : 978-2-343-00208-8, ISBN EBOOK : 978-2-296-51626-7

QUI MENACE LA PAIX ET LA STABILITÉ EN AFRIQUE ?
Yomba Ngué Roger - Préface d'Emmanuel Argo
L'Afrique a malheureusement été le théâtre de nombreux conflits, dus au legs de la période coloniale et de la traite négrière, mais aussi à cause des répercussions des migrations incontrôlées, de l'injustice sociale, de la corruption, de l'autoritarisme des dirigeants etc. Le plus important, c'est l'enseignement qu'on en tire et les décisions que l'on prend pour en sortir afin de construire un avenir plus probant et prometteur pour les générations futures.
(Coll. Harmattan Côte-d'Ivoire, 26.50 euros, 268 p.)
ISBN : 978-2-336-00607-9, ISBN EBOOK : 978-2-296-51543-7

CULTURES VIRILES ET IDENTITÉ FÉMININE
Essai sur le genre en Afrique subsaharienne
Djombe Calvin Thomas
Le principe mythologique et cosmogonique africain implique des constructions religieuses, imaginaires qui fondent une puissance virile symbolique. Son pouvoir induit une injonction à la stigmatisation de la femme. Le projet d'une philosophie féministe africaine suppose de repenser, de reconcevoir l'ensemble des paradigmes de cette société ; il traduit une volonté de déconstruction de ces conditions assujettissantes pour déboucher sur la reconstruction autonome de l'identité féminine.
(Coll. Etudes africaines, 32.00 euros, 236 p.)
ISBN : 978-2-336-29147-5, ISBN EBOOK : 978-2-296-51623-6

PRÉOCCUPATIONS ENVIRONNEMENTALES ET DROIT DE L'ENTREPRISE DANS L'ESPACE OHADA
Tairou Yafradou Adam
Prévu pour promouvoir les investissements en Afrique à travers la sécurisation juridique et judiciaire des activités économiques, et non pour protéger l'environnement, l'analyse des instruments que le droit OHADA développe fait ressortir qu'ils peuvent favoriser la protection de l'environnement tant par l'entreprise *in bonis* que par l'entreprise en redressement puis en liquidation judiciaires.
(Coll. Études africaines, 41.00 euros, 432 p.)
ISBN : 978-2-296-99391-4, ISBN EBOOK : 978-2-296-51723-3

MANIFESTE DE LA RENAISSANCE AFRICAINE
Entre la mémoire et la prophétie
Dessinga Giscard Kevin
Restituer l'histoire aux générations africaines montantes, établir la part de responsabilité historique des uns et des autres, poser le problème de l'Afrique en termes de responsabilité partagée et, enfin, lancer un SOS pour que l'Afrique devienne la première préoccupation des Africains et de tous ceux qui aiment l'Afrique… c'est offrir aux nouvelles générations les armes dont elles ont besoin pour envisager le futur, sans complexes mais avec détermination, lucidité et dignité.
(Coll. Harmattan Italia, 14.00 euros, 88 p.)
ISBN : 978-2-336-00032-9, ISBN EBOOK : 978-2-296-51610-6

COMPRENDRE LA GOUVERNANCE
Hatcheu Tchawe Emil
Cet ouvrage est une contribution à la compréhension et à la pratique du «vivre ensemble» et du «gérer ensemble» en toute transparence. Les mutations de la société contemporaine, les crises qui ébranlent les certitudes et les acquis, l'émergence de nouveaux acteurs qui exigent d'être pris en compte dans la gestion des affaires qui les concernent, sont autant de motifs qui imposent que le concept de gouvernance soit revisité en permanence.
(Coll. Harmattan Cameroun, 18.00 euros, 168 p.)
ISBN : 978-2-336-00927-8, ISBN EBOOK : 978-2-296-52996-0

MONDIALISATION (LA) ET LA SOCIÉTÉ DE L'INFORMATION
Quelle place pour l'Afrique au sud du Sahara ?
Zongo Rachel - Préface de Serge Théophile Balima
Face aux enjeux de la mondialisation et les défis du développement de la communication dans les pays en développement, quelle place l'Afrique subsaharienne occupe-t-elle dans cette société globalisée ? Quelle solution la communauté internationale préconise-t-elle contre la fracture numérique pour lutter contre la pauvreté et favoriser le développement des sociétés africaines ?
(Coll. Etudes africaines, 48.00 euros, 510 p.)
ISBN : 978-2-336-00899-8, ISBN EBOOK : 978-2-296-53022-5

ÉTALEMENT (L') URBAIN EN AFRIQUE
Défis et paradoxes
Sous la direction de Hatcheu Tchawe Emil
On prévoit un triplement des zones urbaines entre 2000 et 2030 dans les pays en voie de développement. Voici un panorama des questions que pose l'étalement des villes camerounaises et congolaises : la question foncière, la survie dans les mangroves, la crise de l'eau potable, les limites des villes nouvelles, la gestion des déchets...
(Coll. Harmattan Cameroun, 25.50 euros, 248 p.)
ISBN : 978-2-336-00928-5, ISBN EBOOK : 978-2-296-53006-5

PARTENARIAT (LE) EUROPE-AFRIQUE
DANS LA MONDIALISATION
Nkunzumwami Emmanuel
Voici les parcours historiques des relations entre Africains et Européens depuis environ cinq siècles. L'ouvrage propose une nouvelle organisation de l'Afrique sur ses cinq régions, en vue d'exploiter et rentabiliser leurs immenses richesses naturelles pour la relance de leur développement économique et social. L'Europe peut y contribuer par le savoir-faire industriel et la maîtrise des technologies qui manquent à l'Afrique. Le partenariat entre l'Europe et l'Afrique devient alors l'une des clés de succès dans la mondialisation.
(Coll. Etudes africaines, 37.50 euros, 374 p.)
ISBN : 978-2-296-99820-9, ISBN EBOOK : 978-2-296-51482-9

PROBLÉMATIQUE (LA) DE L'ÉTAT DE DROIT EN AFRIQUE DE L'OUEST
Cissé Losséni
Maintenir la Paix et la Sécurité internationales, telles sont quelques-unes des missions fondamentales des grandes institutions internationales multilatérales, qu'il s'agisse de l'ONU ou de l'Union Africaine. Or, les outils juridiques et diplomatiques propres à chacune de ces institutions supranationales se trouvent parfois inappropriés à la résolution des conflits. L'auteur s'appuie sur des cas d'école qui ont la pertinence de situer la réflexion au coeur de l'actualité la plus récente.
(Coll. Etudes africaines, 28.00 euros, 284 p.)
ISBN : 978-2-336-00252-1, ISBN EBOOK : 978-2-296-51483-6

L'HARMATTAN ITALIA
Via Degli Artisti 15; 10124 Torino

L'HARMATTAN HONGRIE
Könyvesbolt ; Kossuth L. u. 14-16
1053 Budapest

L'HARMATTAN KINSHASA
185, avenue Nyangwe
Commune de Lingwala
Kinshasa, R.D. Congo
(00243) 998697603 ou (00243) 999229662

L'HARMATTAN CONGO
67, av. E. P. Lumumba
Bât. – Congo Pharmacie (Bib. Nat.)
BP2874 Brazzaville
harmattan.congo@yahoo.fr

L'HARMATTAN GUINÉE
Almamya Rue KA 028, en face du restaurant Le Cèdre
OKB agency BP 3470 Conakry
(00224) 60 20 85 08
harmattanguinee@yahoo.fr

L'HARMATTAN CAMEROUN
BP 11486
Face à la SNI, immeuble Don Bosco
Yaoundé
(00237) 99 76 61 66
harmattancam@yahoo.fr

L'HARMATTAN CÔTE D'IVOIRE
Résidence Karl / cité des arts
Abidjan-Cocody 03 BP 1588 Abidjan 03
(00225) 05 77 87 31
etien_nda@yahoo.fr

L'HARMATTAN MAURITANIE
Espace El Kettab du livre francophone
N° 472 avenue du Palais des Congrès
BP 316 Nouakchott
(00222) 63 25 980

L'HARMATTAN SÉNÉGAL
« Villa Rose », rue de Diourbel X G, Point E
BP 45034 Dakar FANN
(00221) 33 825 98 58 / 77 242 25 08
senharmattan@gmail.com

L'HARMATTAN TOGO
1771, Bd du 13 janvier
BP 414 Lomé
Tél : 00 228 2201792
gerry@taama.net

www.ingramcontent.com/pod-product-compliance
Lightning Source LLC
LaVergne TN
LVHW011303061026
849535LV00005B/1383